上手な本の作り方Q&A

深川昌弘 著

近未来社

なにごとも誠意をもって

誠

まえがき

本書は、私がこれまでの編集仕事の中で受けてきた質問や、前著『これからの自費出版〈虎の巻〉』を読まれた方からの問い合わせの内容などを参考にして目次をまとめました。全章を通して、本作りの流れに沿った想定問答集のような展開になっていますが、とりわけ下段に設けた「ト書き」についてはかなり細かい事柄について補記してあるため、軽く読み飛ばしていただき、上段の本論部分をしっかり読んでいただければ幸いです。

項目数は50個になりましたが、「1項目2ページ見開きにまとめる」という紙幅上の制約を課したこともあって、中には十分な説明責任を果たしていない解説もあるかも知れません（Q7とQ48は問題の複雑さから4ページです）。読者諸兄姉からのご意見とご叱正をお願いいたします。また、たとえ限られた紙の上での解説ではあっても、一人でも多くの方々に本書を読んで頂くことで、あなたの「貴重な時間とお金を守る自費出版＝本作り」に繋げていただければ、著者としてこれ以上の喜びはありません。

＊

『上手な本の作り方』というタイトルを見られて、本書が本作りに関する専門的な話で詰まっているのではないかと思われた方もおられることでしょう。しかし、決してそうではないのでご安心ください。確かに、本書の解説の幾つかでは、本作りの一部についてかなり詳しく書いているところもあります。しかし本来、本作りとは、本を作りたいと考えている人それぞれの個性や感性に拠ったかたちで自由に作っていいかれるのが理想であり、「ここはこうしなければならない」というような型にはまった取り決めなどは何一つないのです。また、そうであるからこそ、本作りは面白いのかも知れません。

＊

私は、「自装出版」こそが本作りのあるべき姿であると考えています。業者さんから一枚一枚服を着せてもらって本を作っていくのではなく、自ら進んで服を着せていくくらいの気概を持たれた本作りを目指してこそ、高額なお金を負担していく価値も生まれてくるのです。そして、この考え方をさらに進めていけば、おそらく「本作りは誰にでもできる仕事である」ということになっていくのではないでしょうか。40年という時を超えて出版の世界を見続けてきた私の個人的観想は、まさにこの一語に尽きるのです。そして現在、私と同じ仕事に就いておられる若い方々にもぜひ読んでいただき、一つでも多くのことを得られ、仕事に活かしていただければと切に希望します。

どうか、「本作りは難しいもの・面倒くさいもの」と決めつけてしまわれるのではなくて、ご自身でできることは業者さんや専門家の方の力を借りることなく着実にこなされ、内容的にも経済的にも納得できる「楽しい本作り」にしていただきたいものです。そして、あなたの本が無事出来上がることを祈念して、ここに拙筆を再び措かせていただきます。

二〇一八年（平成三〇年）二月吉日

著　者

— 目 次 —

まえがき 3

第1章 原稿作成＆編集レイアウト …… 17

〈第1節〉原稿作成

〔Q1〕電子データ原稿の作成 …… 18

紙に書いてきた原稿をパソコンに文字入力するということは、原稿の二度書きをしていることになります。しかし、入力している段階で文章の推敲も併せて行っていることになり、これはとても重要な作業と言えます。

〔Q2〕ページレイアウトの試み …… 20

実際の編集作業を業者さんに任せることになっても、ご自身でページ面の仮レイアウトをすることは、あなたが考えている造本についての構想や要望を制作担当者に伝えていくことにもなるのです。

〔Q3〕不完全な原稿は渡さない …… 22

完全な原稿などどこにもありませんが、原稿をより完全なものに近づけていく努力は怠ってはなりません。原稿の内容責任は著者にあり、不完全な原稿を出してしまえばその責任は著者が問われます。

〔Q4〕読みやすい原稿にするコツ …… 24

岩淵悦太郎編著『悪文』（一九六〇年・日本評論社）が良い文章を書く上で大変参考になります。悪い文章の典型例は「自分さえ分かればいい」というもので、読む人の姿が鏡に映っていない文章です。

〔Q5〕総ページ数を知る……26
見積り計算の基となる数値は「本の総ページ数」です。たとえ概算の数値であってもこの数値が分かれば見積り金額の約8割を知ることができます。本稿では、総ページ数を知るための簡単な方法を説明します。

〔Q6〕ページ数の多い本の作り方……28
大河的な原稿を本にする場合、内容的にも経済的にもメリットのある方法は「連結出版方式」です。しかし、膨大な原稿をゲラに起こして編集作業を行うため、その苦労は並大抵のものではありません。

〔Q7〕引用の方法と転載許諾……30
他者の文章からの引用（＝原出典明記）は簡単にできますが、図版・写真等の転載許諾を得ることは容易なことではありません。そうであるからこそ、無断転載した本が世にはびこることにもなるのです。

〈第2節〉編集レイアウト

〔Q8〕まず「外堀」から埋めていく……34
お正月の遊びに福笑いがあります。おかめのお面の中に目や口や鼻を置いていく遊びですが、本のレイアウトもこれと同じです。違う点は、レイアウトの挑戦者が目隠しをしなくてもいいことです。

〔Q9〕「余白」の効果……36
大学の講義用テキストを編集した際、左右余白を少し多めに取りました。何年か経って先生から「私も学生も書き込みをして使っています」とお聞きしてとても嬉しくなりました。

〔Q10〕写真・図版のレイアウト……38
写真や図版は画像ファイルとして処理しますが、これら画像等の存在を引き立たせる余り、文章の通りが悪くなるケースがあります。文字も画像も共に生かしたレイアウトの仕方を詳しく解説します。

〔Q11〕使用フォントを考える……40
フォントの種類を多用することは、具だくさんの中華そばを高額なお金を払って食していることと同じです。中華そばの場合は食傷気味程度で済まされますが、読みにくい本を読まされる読者はたまったものではありません。

〔Q12〕頭の中の「白い紙」……42
「白い本」は便利ですね。出版の世界では製本会社さんが作る束（つか）見本がそれにあたりますが、これと同じようなものが人間の頭の中にもあり、その白い紙の束に「書いては消し・描いては消し」の繰り返しをしているのです。

〈コラム①〉本書中の用語の使い分けについて　44

第2章 業者さんを選ぶ

第2章　業者さんを選ぶ……45

〈第1節〉印刷会社VS出版社

〔Q13〕少部数の自費出版……46
作る部数が少部数になればなるほど1部当たりの製作コストが高騰していくのは少部数出版の宿命です。できる限り経費を抑えたい方は本格印刷ではなく、簡易な印刷方式で作られることをお勧めします。

〔Q14〕編集料に相場はない……48
印刷会社と出版社を価格比較した場合、出版社が高くなるのは「編集料」が付けられているからです。編集料の価格に基準や相場のようなものはなく、依頼者がそれを認めるか認めないか、にかかっています。

〔Q15〕本格印刷の基準ロット数……50
本格印刷・製本には「最低基準ロット数」が決められているため、作る部数によって1部当たりの製作コストはかなり違ってきます。おそらく500部以上であれば経済的な発行部数であると判断できます。

〔Q16〕出版社は本作りの仲介役……52
出版社は、あなたの原稿に本の形を付ける仕事をするところです。印刷・製本などハード部分の仕事をされる会社とうまく連携を取ることで、あなたが希望する本の完成に向けて動く「仲介役」と考えてください。

〔Q17〕非売品の自費出版……54
データがないのではっきりしたことは分かりませんが、ご自身の力だけで編集作業をされ、非売品として出版する人もかなりの数おられることでしょう。こういった方は、まず印刷会社にご相談ください。

〈第2節〉自費出版の相談交渉

〔Q18〕相談交渉事始め……56
コネがあってもコネの力に頼ってはいけません。また、コネがあることに縛られてしまい、あなた自身が見積り金額の問題で納得がいかないまま契約してしまうことほど愚かなことはありません。

〔Q19〕割賦ローンはできないか？……58
自費出版の価格は５０万円前後から数百万円単位の取引をすることになるわけですが、残念ながら年払いなどの割賦ローンにすることはまず不可能です。あなたの支払い計画に沿った「数回に分ける分割払い」が一般的です。
〔Q20〕図書コード番号とは？……60
図書コード番号は出版した本の出自を表しており、とても大事な番号です。この番号やバーコードが付けられていることで書店レジでの省力化、図書館の収蔵管理事務等に寄与しているのです。
〔Q21〕個人編集本と図書コード番号……62
自費出版の経費を抑えるため編集仕事を個人でされた方が出版社に本の製作を依頼されても、図書コード番号を付けてもらうことはできません。本を販売したいお気持ちは分かりますが、通常ルートによる販売は難しいでしょう。
〔Q22〕出版を引き受けられない原稿……64
原稿があってお金さえ出せば本にしてもらえるという考え方は即刻お捨てください。出版した後に問題が起こることが分かっているような本の製作を快く引き受けるような出版社はどこにもないからです。
〈第３節〉　見積り依頼
〔Q23〕未完成原稿の見積り依頼……66
原稿が殆ど揃っている方の見積り依頼は真剣そのものです。一方、原稿未完成状態の方はまだまだ先の話ということもあって、「参考までに」という軽い気持ちで見積り依頼をされるのです。

〔Q24〕原稿一時預かりへの対処法……68
業者さんへ大分な原稿の束を持参されても、その場で担当者が全文を読み通し、見積り計算していくことは困難です。細かな計算をしてより正確な見積り金額を提示するためには「原稿の一時預かり」が必要になるのです。

〔Q25〕電子データの持込み……70
入力したデータは全てプリントにされ、できれば「本文関係」「画像関係＝写真・図版など」にファイル分けしておかれれば完璧です。なお、入力データはＵＳＢメモリなどに保存してご持参ください。

〔Q26〕データオペークの依頼……72
ご自身ではできなかったデータ処理（画像の修正・加工）を出版社等に依頼したい場合は、それぞれにプリントを付けるなりして、見積り依頼時に必ず業者さん（制作担当者）に開示していくようにしてください。

〔Q27〕上手な相見積りの取り方……74
業者間の経費比較をすることを「相見積りを取る」と言います。より正確な経費比較をするためには、本の判型、印刷・製本の各形式、用紙（資材）の明細、出版部数等をそれぞれ特定して行うことが必要です。

〔Q28〕電話・メール添付による見積り依頼……76
かかる経費の額を電話やメールで知ろうとすることには無理があります。原稿の内容を確認しながら細かい見積り計算の積算をしていくことで、より正確な見積り金額が提示されてくることを知っておいてください。

〈第4節〉 契約書とは？

〔Q29〕 契約書はなぜ必要か？……78
自費出版の契約書は、依頼者とその仕事を請け負った業者さんとの間に発生する「権利義務関係」を定めておくものです。最重要の条項は最終見積り金額の特定であり、これにより経費の上限額を確実にしておくことができます。

〔Q30〕 2つの期限と2つの数値……80
本稿では、依頼者として知っておくべき契約書の仕組みを分かりやすく説明します。しかし時として、契約書には書かれていない問題が発生することもあり、この書面だけで安心することはできません。

〔Q31〕 使用用紙の特定……82
経費に占める用紙の割合は高く、通常使われることの少ない特殊用紙や資材はかなりの額になります。これらの用紙の明細を契約書（＝添付の最終見積り書面）の中で特定しておけば、出来上がり検品時の確認が容易にできます。

〈第5節〉 契約後の製作関与

〔Q32〕 制作担当者の特定……84
「人の問題」は「お金の問題」以上に重要です。しかしこのことは、相談交渉の段階で問題にしていくことはまずできません。つまり、大事な契約をしてしまってから、初めて「事の重大さ」に気づくのです。

〔Q33〕 外注化される自費出版……86
自費出版仕事が外注化されることは「常態」と考えておいた方がいいでしょう。重要なことは、本作りをしている期間を通して、外注先の担当者、契約した会社の担当者の両者と緊密な情報交換を欠かさずに取っていくことです。

〈Q34〉外注先で発生した追加料金……88
外注先で追加料金という話が出なくても、あなたが外注先に対して追加の作業をさせているという認識を持っている場合であれば、その都度、契約会社に対して追加料金の発生の有無（と金額）を確認していくことが必要です。

〈Q35〉知らされなかった追加料金の額……90
追加料金の額を故意に知らせないケースは意外と多いものです。外注先で作業をしている場合であれば、正式に契約を交わした会社の担当者に事情を話し、追加作業に入る前に追加料金の額の提示を求めるようにしてください。

〈Q36〉ゲラ校正の心構え……92
なかなか出来ることではありませんが、ゲラ校正する場合は、あなたと読者という名のもう一人の人物が同時にゲラを読んでいるという設定が理想です。つまり、他者の存在を常に頭の中におきながら慎重に進めていくのです。

〈Q37〉ゲラ校正に使える「覚え記号」とは？……94
ゲラ校正をうまく進めるコツは「ゲラを汚さない」ことです。解説では各種の記号類の使い方を紹介していますが、これらの覚え記号を効果的に使われて、訂正・補正漏れが出ないように確実に行ってください。

〈コラム②〉契約前に出版社の編集力量を判断することはできるか？　96

第3章 本が出来てから……97

〈第1節〉献本・寄贈の知識

〔Q38〕献本・寄贈のマナー……98
自費出版の第一の目的は、あなたの身近にいる方や知人・友人の方々に読んでもらうことではないでしょうか。謹呈しおりや出版上梓文も、この目的を実行するために必要なツールのようなものとお考えください。

〔Q39〕本の梱包と発送方法……100
本を梱包・発送することは確かに面倒な作業ですが、これが「あなたの本作りの終点である」と考えれば決して手を抜いてはいけません。どうか、あなたの誠意がこもった献本行為を実行するようにしてください。

〔Q40〕国立国会図書館への納本……102
国立国会図書館は全国に2個所あります。東京永田町の東京本館と二〇〇二年十月、京都府精華町に建設された関西館です。納本義務は1部ですが、東京本館へ2部納本すれば、1部が関西館に転送・保存されることになります。

〔Q41〕公共図書館への寄贈……104
図書コード番号が付けられていなくても、国立国会図書館や地方自治体が運営する各地の公共図書館に寄贈することはできます。たとえそれが出版社等の製作によるものでなくても寄贈の受け入れは可能です。

〈第2節〉本を販売するには

〔Q42〕自費出版した本の販売……106
大きな書店さんに行かれ、新刊書コーナーが見渡せる場所に立って10分間くらい辺りを静かに観察してみてください。本を手に取りレジまで運ぶ人の数がいかに少ないかが、この観察でよく分かります。

〔Q43〕書籍流通の仕組みを理解する……108
本を書店さんに展示してもらう「通常ルート販売」には、出版社等・取次会社・書店さんがそれぞれ関与することになり、その各々の場面に運賃実費や取扱い手数料という名目の経費が発生していきます。

〔Q44〕販売元出版社との契約……110
あなたの本を制作した出版社があなたの本の販売関与に消極的であれば、販売関係の仕事だけを販売元出版社と別個に契約した方が得策です。この場合、図書コード番号は、販売元出版社の番号を使うことになります。

〔Q45〕返品後の汚損本等の処理……112
本の販売には返品が必ず発生します。委託期限後に返品されてきた本は新本に近いものも中にはありますが、その殆どがカバー等の汚損本・破損本です。これらの本を復活再生させる方法を紹介します。

〔Q46〕自費出版本の自力販売……114
業者さんの力を借りずに依頼者が独力で本を販売すれば、書店さんにお願いする個人直販委託のケースを除いて、全て定価の100％が売上になります。しかし、本の自力販売をするには相当の努力と根性が必要です。

〔Q47〕超ミニミニDM販売の試み……116
多少の経費は必要とするものの、販売ターゲットさえしっかり押さえていれば、かなりの高確率で本を販売していくことができます。もちろん本の内容にもよりますが、「趣味と実用」が販売企画のキーワードとなるでしょう。
〔Q48〕販売利益と課税問題……118
総売上から総経費を控除して残った額が「利益」となります。この利益に対して納税義務が発生します。納税の心配までするということは、あなたの本が社会に認められたことを意味しており、本当に素晴らしいことです。
〔Q49〕準出版社の設立……122
単行本や小冊子類を定期的・計画的に出版していかれる方は真剣に準出版社の設立を検討してください。本の販売面では難しい面もありますが、製作面ではかなりのコスト減が期待できます。
〔Q50〕価格の決め方……124
書籍の高価格化が出版業界全体の売上アップに貢献してきたことは事実ですが、一部の限られた読者だけに「受益者負担」を強いる高価格化政策がこのままのかたちで続いていくとは考えられません。

〈コラム③〉遊び心に火をつける「丸コブ付き謹呈しおり」126

附録の章

参考書式・マニュアル……127

附録① 自費出版条件明細書とその作成例……128
業者さんから相見積りを取る時に、この条件明細書があれば便利です。ただし、この書面を使うには、原稿がほぼ完成していることが絶対条件となります。

附録② 連結出版方式による編集作業の概要図……129
大分なページ数の本を一度に作る場合の編集・出版方式を図解しました。しかし、この方式に挑戦するにはかなりの慎重さと集中力が必要となります。

附録③ 書店委託販売マニュアル……130
書店さんとの交渉の仕方・内容についてまとめてみました。どうか、書店さんに迷惑がかからないようにして効率的に動いてみてください。

附録④ 書店委託販売で必要となる納品書の書き方……131
本を書店さんに委託する際、必要となる納品書の書き方の見本例です。委託期限到来後に提示する請求書もこの見本例にならってください。

附録⑤ 丸コブ付き謹呈しおりの作成例……132
一度だけかも知れない自費出版という一大事業の締めくくりに、少しばかり遊び心を出してみられるのもいかがでしょうか。

あとがき 133

索 引 137〜136

原稿作成＆編集レイアウト

12ページにも及ぶ“文字の林”をくぐり抜け、ようやくにして本文まで辿りつきました。ここもまた“文字の海”のようですが、本作りに必要な情報や知識を分かりやすく解説していますので、どうか諦めずに読み進めてください。

本作りは「原稿に始まり原稿に終わる」と言われます。本章の最初の稿は、上手な原稿作り・原稿整理に焦点を当てて設問を立ててみました。次稿では、本の中の顔作りといわれる“編集レイアウト”に挑戦していきます。レイアウトと言っても何も難しく考える必要はなく、紙と鉛筆と消しゴムとスケールさえあれば誰にでも簡単にできます。

ここでは、私の個人的経験に拠って書いているところも多く、書いてあることを何から何まで鵜呑みにしてはいけません。あなたの自由で清新な考え方に基づいて、本当に作りたい本の形を見つけられるまで、何度でも貴重な試行錯誤を繰り返してみてください。

Q1 電子データ原稿の作成

Q パソコンで大量の文字を入力したことがありません。原稿を電子データで業者さんに提供すれば、価格的な面だけでなく、他にもメリットがあるのでしょうか。

A

制作費用のコストダウンに繋がることは言うまでもありませんが。それらをプリントして見られれば、これから作ろうとする本の輪郭（形）が見えてきます。

解説

原稿の電子データ化はコストダウン対策の第一歩

原稿（＊）には、手書き原稿と入力原稿の2つがあります。ワードプロセッサが普及し始めた一九八〇年代頃より、原稿をデータ入力しそれをプリントした形で業者さんに渡される方も増えてきて、現在ではそれが当たり前のようになっています。一方、手書きで原稿を書いてきた方の場合は新たに文字等のデータ入力が必要となるため、当然これらの料金が費用の中に加算されてくることになります。同時に文字データ等の確認校正の作業費用も発生します。

自費出版の経費を極力抑えたいと思われるのであれば、パソコンでの文字データ入力は依頼者の方にとっては必須の作業と言うべきで、コストダウン対策の第一歩です。文字データ入力をされた場合はプリント出しをして、原稿の内容を何度も読み返し推敲を重ねるようにしてください。手書きのままの状態とは違って、本格的な活字で原稿を読み進めてみると、これまでに気づかなかった点や書き足りない点などが浮かび上がってくるものです。

＊原稿のページ通しをする場合の注意点

例えば、原稿の全プリントがA４判の用紙で統一して作られている場合であれば何の問題もなく連番で付けていけばいいのですが、中には、付図や登載写真のコピーが別の大きさの用紙（別紙）で挿入されている場合があります。

このような場合、当該本文原稿のページ数を25ページとすると、別紙のページ数を「25－2」のように枝番号を付けておくのです。この別紙原稿が何枚も続く場合は、「―3」「―4」…と振っていき、最後の別紙で付けたページ数の最後に、「―x／」という具

文字データの洗い替えおよび復元作業

出版社等に対して原稿を電子データで渡す場合は、必ず最終原稿のプリントを付けるようにしてください。出版社では、あなたから提供されたデータをいったんテキストデータに変換してからページ編集ソフトウェアに流し込みます。この際、原稿中に普段お目にかからないような外字や画数の多い旧字、特殊記号などが使われていた場合は、□＝文字が透明な空白になっていたり、「Å」などの記号に置き換わっていることがあります。このような文字化け箇所を発見した場合、原稿データの精確な復元を図るために最終原稿のプリントが必要となるのです。右の例で言えば、□を不要な空白と処理してしまえば、当然文意が繋がらなくなります。この作業を「文字データの洗い替えおよび復元作業」と言います。

洗い替えおよび復元作業は1回しか行わない

この段階では、①不要な空白（空白行）を取り除く、②数字・欧文文字の全・半角処理の統一、③句読点の種類の統一、④用語・表記の統一を図る、⑤文字化けしている箇所の精確な復元を図ることなどが主たる作業となります。「データの洗い替え作業」は初校ゲラを組上げる上での必須作業となるものであり、この作業を出版社等が初校ゲラ組上げ後に再度行うことはありません。したがって、出版社等にデータを渡された後に依頼者の方がデータ内容の更新を行ってもそれに対応することは一切できないのです。内容の訂正・更新はゲラ校正の段階で発生しますが、必ず出版社等から出される校正ゲラ（初校ゲラと再校ゲラの2種類）に赤字を直接書き入れる方法で行うようにしてください。かなりアナログ的で原始的な方法ですが、これが一番間違いが少なくて済む安全確実な訂正方法です。

合にスラッシュで止めておけば、これ以上の別紙が付かないことが分かります。

＊写真・図版原稿の整理

文字以外の原稿、例えば写真とか図版原稿の場合は、それらが挿入される章や節の番号を連番で特定しておくことが必要です。もちろん、これらの番号は、原稿の挿入箇所にも明示されていなければなりません。

写真の紙焼き（＝印画紙）原稿の場合は、写真1枚1枚についてコピーを取り、その上から必要な箇所だけを鉛筆で指定しておかれれば、トリミング加工が捗ります。

また、図版内の文字種の統一を図るため、文字の新規入力を希望される場合は、文字の入った図版原稿とは別に、文字を抜いた図版原稿を揃えられることが必要です。つまり、電子データであれば、「文字あり」と「文字なし」の2つのデータが必要になるということです。

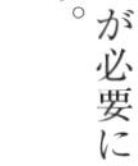

Q2 ページレイアウトの試み

Q

文字入力だけではなく、実際にページレイアウトもしてみました。レイアウト後、両面印刷して仮製本しましたが、私が作ったレイアウトも制作上の参考にしてもらえるのでしょうか。

A

当然参考にします。ページ展開の美しさは「読みやすさ」を保証します。あなたの作られたレイアウトに改良を加えていくことで、さらに読みやすい形にしていくのです。

解説

ご自身でページ面を作ってみる

原稿のデータ入力だけでなく、この方のように、本文のページレイアウトまでされる依頼者の方も実際におられます。本来、ページレイアウト（＝版面設計）は制作を依頼された業者さん側で作り上げ、それを組見本（＊）として提示し、了解をいただいた後、全ページにわたって組版面を作り上げていくというのが通常の作業のあり方です。つまり、多くの依頼者の方は、業者さん（制作担当者）が考えた組版レイアウトに対して事後承認を与えていることになるのです。しかし、あなたが理想と考えている「ページ面のかたち」はご自身しか分からないことであり、提示された組見本を周りの方にも確認してもらいながら、組見本に対する意見や改善要望があれば、それらをまとめて制作担当者に対してしっかり伝えていくことが必要です。

本文データ入力のメリットについては前問で述べましたが、その発展形が「ページレイアウト」と考えてみてください。実際の編集レイアウトの方法について

＊ページレイアウト（組見本）を実物の本で確認する方法
あなたが作られたページレイアウト面であれ、業者さんが制作された組見本ゲラであれ、ただ平面的に眺めるだけでは、レイアウトの良否の判断をすることはできません。
次ページにその立体的確認方法の仕方を図示しておきますので、お試しください。なお、業者さんの組見本について改善要望を出されることを想定すれば、組見本ゲラは3部ほど必要になるでしょう。

は、次節で詳しく解説します。

依頼者の考え方がページレイアウト面に現れる

制作担当者が組見本（仮レイアウト）を設計するとき、手元に何もない状態で作っていくよりも、たとえ多少不完全な状態のページレイアウトであっても、それらを参考にして「著者が希望するようなレイアウト」に近づけて作っていくことがあります。つまり、依頼者の方が作られたページレイアウトの随所にはページ面構成に関する考え方が見て取れるため、大変参考になるのです。

原稿内容の推敲に役立つことがページレイアウトの最大の効果

ページレイアウトするメリットは、次の2点を挙げることができます。まず第1に、実際にページレイアウトを作られることで、原稿内容の推敲が立体的に可能になることです。原稿用紙や1枚のプリント紙のように平面的なものを見つめる時とは違って、偶数ページや奇数ページという隣り合った見開きのページ展開の様子が直接依頼者の視野に広がっていきます。文字だけではなく写真や図版などの配置を考える上でも有効で、平面的な段階では見えなかったものがはっきり見えてくることがあるのです。

第2の効果は、概算総ページ数の認識を持つことができることです。この問題は〔Q5〕でも取り上げていますが、自費出版の見積り金額を算出する上での基準値は、これから作ろうとする本の「総ページ数」です。この値がたとえ概算値であっても、依頼者なりに事前に把握しておくことは非常に重要で、見積り交渉の場でも大きな力を発揮します。

組見本ゲラの確認方法

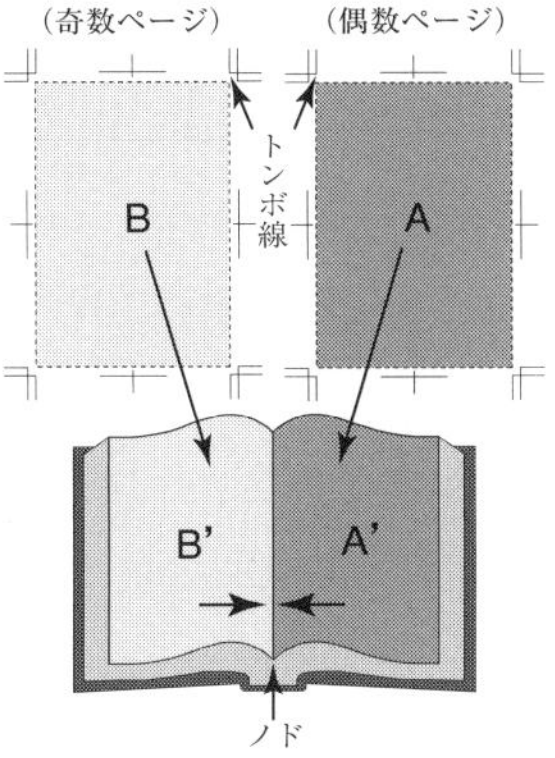

1. 上段のゲラAとBをトンボ線の内側の線（点線罫）で断ち落とし、同一判型の見本本のページ面に乗せてみる。
2. 下段の本の上に乗せるゲラA'とB'をノドの方向に食い込むように差し込んでみる。

Q 3

不完全な原稿は渡さない

Q 不完全な状態の原稿と知りながら、出版社に急かされたため渡してしまいました。その後、出版社との間で追加作業料金の問題でもめています。私に責任はあるのでしょうか。

A

残念ですが、不完全な原稿を出されたあなたご自身の責任となります。刊行日までに余裕がある場合は、完全に近い状態の原稿にされるまでは業者さんに渡さないことです。

解説

完全原稿であることの条件

完全原稿とは言うまでもなく、これから本にしようとする上での素材（文字原稿に加えて、文字以外の原稿、例えば写真や図版などを入れられる場合は、そのネガ・版下も含みます。これらを業者さんへのデータ持込みとする場合は、文字データ及び画像データも必要となります。）が現実に揃っていて、今後大幅な変更が生じない状態までに整理されている原稿のことを言うのです。

「原稿を完全なものにすることなどできない」と考える人もおられるかも知れませんが、細かい用語の選択や表記・表現法の一つ一つに至るまでしっかりとしたものにしなければ完全原稿とは言えないと規定してしまえば、誰しも原稿など出せなくなってしまうでしょう。しかし、ご安心下さい。ここで言うところの完全原稿とはそれほど厳格なものではないのです。部・章・節などを中心とする目次・体系がしっかり確定したものであるならば、「まえがき」「あとがき」などは本文原稿脱稿後に出されても何の問題もありません（＊）。

＊ゲラ組上げ後でなければ出せない原稿について

①推薦の辞…確かに原稿の段階であっても執筆していただくことは可能ですが、しっかりした推薦文を書いて戴くためには、綺麗なゲラを添えて依頼されるべきでしょう。

②索引…索引用語の抽出は原稿の段階でもマーカーしておくことはできますが、その抽出基準や個数も本を作っていく過程で変わってくることがあります。

また、索引用語の登載ページ数は、2回目のゲラである再校ゲラが組上がった時点で確定することになります。

複雑な訂正作業は「追加料金の呼び水」となる

原稿の提出を担当者に急かされることは、現実の本作りにはよくあることです。もう少し待ってくれれば、推敲を重ねたしっかりした原稿を出すことができるとか、画質の良い写真と取り替えることができるというようなケースがそれに当たります。話が「写真数枚の取替え」程度で済めばほとんど問題はなく、追加料金の発生を意識することはありませんが、事が原稿全体に関わるような改変あるいは新規原稿の複雑な挿入を必要とするような作業を業者さんにさせてしまった場合は、業者さんから追加料金の要請が出されることになってしまいます。

不完全な原稿を渡してはいけない

とりわけ専門書や趣味の本の制作では、その道に精通されておられる方に原稿内容の校閲（目次・体系上の点検や見直し）を求めるケースが多いのですが、この点検作業を脱稿される前段階、否、理想をいえば、目次や体系（本の骨格）を考えている原稿執筆前の段階から行っておく必要があるのです。これを怠ってしまえば、複数項目の入替えや一部項目の削除などの問題が発生することになります。そして、大幅な組版改変作業を業者さんにさせてしまえば、追加料金の発生を見ることになるのです（＊）。

不完全な原稿を相手方の業者さんに渡してしまえば、不完全であることを知っていた者の責任が第一に問われることになります。それを仮に担当者が了解していたとしても「ここまで大幅な組み替えが発生するとは考えていなかった」と言われてしまえば二の句を告げることもできません。こういった事態を避けるためにも、不完全な原稿を業者さんに渡すことだけは厳に慎まれた方が賢明です。

以上の理由から、索引原稿は、ゲラが出てから慎重に作っていくことになるのです。

＊複雑な訂正作業をする者の立場になって考える

出版社から出されてきた初校ゲラを「第2の原稿用紙」と勘違いして、膨大な量の赤字を入れられる方はもはや論外です。

複雑な訂正作業をあなたご自身で行った場合のことを想定されれば、いかに大変な作業を相手方の業者さんにさせているかが良く分かります。

まさに、「原稿に始まり、原稿に終わる」ということです。追加料金というお金の問題ではなく、その言葉のもつ重さを感じていただきたいのです。

急いては事を仕損じます。何事もスタートが肝心です。

Q 4 読みやすい原稿にするコツ

Q 原稿を読みやすいものにしたいのですが、何かいい方法はないでしょうか。文章手直しのコツであるとか、見落としやすい点についても教えてください。

A 

読みやすい原稿にするコツは、文章から「不要な文節と表現」を極力削ぎ落とすことです。重複した文章を削り、不要な改行を圧縮すれば、文章が格段と引き締まります。

解説

自らの文章を批判的に眺めてみることも必要である

私たちは誰しも、意識する・しないに関わらず、中学生時代に学習した日本国文法の知識を基にして文章を書いていることになります。日々起こったことを記す日記などの生活文や、名作を読んだ後に書いた感想文も文章を書くことの訓練の一つとして受けとめられ、国語教育の中でも位置づけられてきました。

それらをさらに発展させたものが、「どのように文章を構成したらより分かりやすくなるか」（文章構成法）、「どのように表現したらより自分らしさが出せるか」（文章表現法）です。そして、これらをさらに突き詰めていけば文章整文法に行き着きます。これはただ単に「文章を整える」という意味だけではなく、自らの文章に自らが批判的考察を加えることで、より説得力のある文章に仕上げていくことを目指しているのです。文章を読みやすくコツは、①長文節の改行を試みる、②頻出する短文節は改行を止めて文章を繋いでみる、③重複した文節、不要な接続詞や形容詞を削除する、④最後に、助詞の取り替えを試みる、ことなどです。

＊文章作りの面白さを教える巷間刊行されている文章作法書の中にも優れた啓蒙書があります。その中から次の２冊を紹介しておきます。両書ともタイトルは難しそうですが、内容はやさしく書かれていますので、ぜひお読みください。

加藤典洋著『言語表現法講義』（岩波書店刊）

清水良典著『自分づくりの文章術』（筑摩書房刊）

うまい文章を書こうとしないこと

人にはそれぞれ個性というものがあり、文章で言えば「文体」がそれに当たります。人にはそれぞれ性格というものがあるように、書いている文章の運びにその人なりの文体の味が自然とにじみ出てくるものです。うまい文章を書こうと意識するあまり、無意識のうちにあなただけが持っている大切な文体を壊してしまっていることもあります。これは同時に、文章の中からあなたご自身の存在をも少しずつ消し去っていることになるのです。

名作・名文に接することも確かに大切なことですが、あなたしか書くことのできない文体を守っていくことはさらに大切です（＊）。

一気に書きあげた文章こそ要注意

原稿の中に「この文章だけは自分しか書けない」という箇所があれば、それは、一気に書き上げてあるものと疑ってかかったほうがいいでしょう。書き残そうとする意欲が先行するあまり、十分な推敲がなされず、文章が粗削りになっている場合が多いのです。そして「ここが一番書きたい・伝えたいこと」であるにも関わらず、最後まで手を入れられずにそのままにされてしまうことになるのです。

原稿を読みやすく分かりやすいものにしたいと思われるのであれば、あなたの身近におられる方に原稿を読んでいただき意見を求められることが早道です。つまり、その方々をあなたの原稿（あるいは本）の想定読者と位置づけられ、出された意見や批判を真摯に受け止めてみるのです。時間に余裕のある方であれば、何度でも原稿を読み返し、代替案文が思い浮かべばメモを厭わず、時には声に出して朗読されるのもよろしいでしょう。

＊原稿の読み込み時点でわかる「文章のクセとすべり具合」

本を作るためには、原稿を慎重に読み込まねばなりません。この当然のことが、「読み込みの程度」によって大きく違ってくるのです。ただ単に、誤字・誤入力箇所の発見が目的でなされる読み込みであれば、文章自体の通り具合（＝すべり具合）に疑問を持ったり、文意不通箇所の指摘をすることはまずできません。

つまり、最も重要な編集作業とも言うべき「原稿読み込みの程度」によって、「何がなされて何がなされないか」が決まってくるということです。

あなたがもし、ご自身の原稿に自信が持てず、文章のクセやすべり具合を制作担当者に見てもらいたいというのであれば、その要望を作業開始前の段階ではっきりと伝えておくべきでしょう。

用語一つの使い方で、その文章に生気が戻り生き返ることがあります。

Q 5 総ページ数を知る

Q パソコンで原稿を書いていますが、空白行などを作らず書き続けています。２００頁くらいの本にしたいのですが、総ページ数はどうしたら知ることができるのでしょうか。

A 

パソコン入力してきた総文字数を、あなたが作りたいと考えている本の「１ページ当たり収容文字数」で割ることで、総ページ数の「概数」を簡単に知ることができます。

解説

１ページ当たりの収容文字数をまず決めること

設問にあるような空白行なしの入力状態のケースでは、実際にでき上がる本の総ページ数（＊）とこれから作っていこうとする本との間にかなりの「ページ数の誤差」が生じることは明らかです。それでは、総ページ数の概数を求めるにはどうしたらいいのでしょうか。

その答えは、あなたの周りにある「本の中」にあるのです。あなたの蔵書の中になければ街の書店さんや公共図書館で参考になりそうな本を探してみてください。美しさと読みやすさの両面から判断してあなたが最も親近感を感じる組体裁の本を３冊ほど見つけ出し、その本の「１ページ当たり収容文字数（＝１行当たりの文字数×行数）」を計算するのです。

これでも「概数のさらに概数」でしかない

まず、パソコンで入力してきた総入力文字数を、上記３冊の本から得られた

＊経済的な総ページ数とは？

Ａ５判やＢ６判の本を作る場合、総ページ数をどう設定すれば最も経済的に作ることができるでしょうか？　右の判型の場合、印刷・製本を通して支配する基準値は「16」という数値です。

自費出版の価格表には、出版条件として「総ページ数が１２８頁・１６０頁・２４０頁…」の場合はいくらになるかということが例示的に書かれていますが、これらの数値は全て「16の倍数」です。つまり、印刷１台分、製本１折りを16ページと認識していくため、詰まるところ、総ページ数が16の倍数で収まってい

「1ページ当たり平均的収容文字数」で割ってみてください。この単純計算によって得られた数値こそ、これから作ろうとしている本の総ページ数の「元の値」となるものです。しかし、この段階で得られた数値はあくまでも「概数のさらに概数」でしかありません。もうお分かりのように、本の中にはたくさんの見出しがあり、それに付属する文章との差別化を図るための行間調整の必要が生まれます。さらに、部扉や章扉などを独立して設ければ、当然のこととしてページ数の増加に繋がっていきます。

「ページ増加要因調整率」を用いて計算する

ここからの解説はあくまでも書籍編集上の「経験と勘」に基づくものですから、どの本にも適用できるものではないことだけはご承知おきください。

これまでの方法によって得られた総ページ数をより現実味を帯びた数値として認識するためには、「ページ増加要因調整率」という概念を便宜上用います。この調整率はもちろん原稿内容によっても上下しますが、おおよそ「1.3倍～1.5倍」です。本の中に写真や図版が多数用いられるようなケース、項目ごとに「ページ止め」とする場合に起こる余白行の発生などが考慮されるケースでは、私が上限とした「1.5倍」という数値はさらに高まることにもなります。

そして、ここで得られた数値は、あなたの本の総ページ数に限りなく近いものになっていることだけは確実ですが、これでも「概数」という条件枠が取れたわけではありません。現実的に概数という条件枠が完全に外されるのは、これから作っていく本の初校ゲラの組み上げ後となるのです。このことは、〔Q2〕で解説したページレイアウトに挑戦してみられれば、よくお分かりになると思います。

れば、最も経済的な印刷・製本を実現していることになるのです。

右の「本文16ページ＝1台分」という基準値は、B5判までの判型の本に適用されます。その上のA4判の場合は「8ページ＝1台分」となります。

いずれにしても、本文の総ページ数を「16や8の倍数」に収めることを最初から考えていてもあまり意味のないことで、あなたの本の制作担当者が最終的に「16や8の倍数」になるように調整していくことになるのです。

結果として、最後の台数が16ページとならず、例えば12ページで終わってしまった場合であれば、「後白2枚＝4ページ」を付けることで16ページに収めるのです。本の最後に白紙が1～2枚付いている本を見受けますが、この理屈はこれまで述べてきた通りです。

本書の巻末にも2枚の白紙が付いています。ご確認ください。

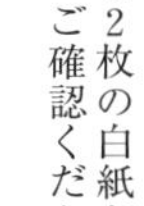

「本の中の顔」の落ち着き具合を見るためにもページレイアウトは有効です。

Q6 ページ数の多い本の作り方

Q 原稿を書いていたら1200頁くらいになりました。出版社の制作担当者は全3巻の分巻脱稿・文巻発行を強く勧めています。この方法が最も経済的な作り方といえるのでしょうか。

A

支払いに問題さえなければ、全3巻分を一度に脱稿した方が、かなり経済的に済みます。ただし、全部の原稿を一度に脱稿することはかなりの覚悟と慎重さが要求されます。

解説

大河的な原稿を本にする上で有効な出版手法

紙質の薄いものを使えば話は違ってきますが、おおよそ500頁くらいのところが1冊当たりの限界総ページ数と考えられます。本の開き具合や読者が本を持ったときの負担感を考慮すれば、担当者の方が「全3巻の分巻発行」を勧められるのも頷けるところです。ただ、あなたの場合は原稿が完成に近づいている段階に入っているわけですから、経費の支払いに問題がなければ、まず全原稿を一度に脱稿しておき、編集制作の最終段階で本書を「全3巻物」に分巻していくことをお勧めします。この出版手法を、私は「連結出版方式」と呼んでいます（＊）。

全原稿の同時脱稿は出版経済的に優れている

まず、出版経済面から考えてみましょう。全3巻物という場合、印刷形式・製本形式・使用する用紙（資材）を各巻変更して作られることはまずあり得ないことです。当然、本の体裁や用紙などの資材は全て同一であるはずです。同一であ

＊連結出版方式の印刷応用
書籍の出版に限らず、企業活動から必要となる商品カタログやマニュアル類などに代表される多品種・小部数印刷物についてもほぼ同様なメリットがあります。ぜひ参考にしてください。

るならば、初めから全1巻物として製作しておき、編集作業の最終段階で全3巻物に分離・分巻した方がはるかに経済的であることは、この業界にいる人であれば誰にでも分かる当然の理屈です。低めに計算しても、3巻バラバラの状態で製作していくよりも2～3割は安価に作ることができるのです。

内容の正確性や統一性が図られること

本の内容面については、言うまでもなく内容の正確性や記述の統一性がしっかり図られることが最大のメリットと言えます。時をおいて3巻バラバラの状態で刊行していけば、必ずどこかで記述上の不統一が出てしまったり、すでに刊行してしまった本の中に決定的な誤りがあることに気づいても、訂正することはできず、最悪の場合は、正誤表の挟み込みが必要となってしまいます。

本3冊分を一度に作る苦労は並大抵のものではない

確かに本来、1冊400～500頁で作っていくものを、その3倍に相当する1200頁分を1回の編集作業で同時発行（＊）するのですから、それには慎重な制作態度が要求されますし、大変な作業を伴うことだけは依頼者の方も覚悟しておかねばなりません。編集段階におけるゲラ読み込みの徹底、この段階で抽出した頻出用語・用語句の表記統一の一覧表を作成しておくこと、要再考箇所および要調査箇所の付箋立て（付箋の色を変えることが必須）など、全3巻を同時に刊行する上で必要となる準備を万全にしておくことが求められます。この連結出版方式による編集作業の作り方や作業展開の詳細については、巻末の附録②「連結出版方式による編集作業の概要図」を参照してください。

＊同時発行（発売）の利点
もし本書（全3巻）を販売したいお考えであれば、同時発売（分売不可）とされた方がいいでしょう。分売可としてしまえばどうしても3巻を通して販売部数のバラツキが生じてしまい、売上・在庫管理上問題が生じます。こういうところにも、同時発行の利点はあるのです。

大河本の制作はおそらくライフワークとなるでしょう。頑張ってください。

Q7 引用の方法と転載許諾

Q 文章の引用や写真の転載をするためにはどのような方法や手続が必要となるのでしょうか。

A 

転載の場合は、著者及び発行元出版社等に対して「転載許諾を求める事務手続」が必要となります。しかし、この手続を確実に実行しても許可を得られない場合があります。

解説

引用の際の原出典明記の方法

研究書や専門書の執筆に当たっては、その道の専門家と言われる方々がこれまでに著された論文であるとか、それらを1冊の単行本に纏めた著作物からの引用が重要な構成要素となることがあります。こういった各種論文や著作物から文章の一部を抜粋利用することを「引用」と言います。引用した場合は、引用文の最終行の後に、「著者名・書名（論文名）、引用箇所のページ数・出版社名・発行年」を必ず明記しておかなければなりません。これを「原出典明記」と言います。

また、かなりの量の引用をされる場合は、各引用箇所に「ルビ番号」を付し、章の末尾あるいは本書巻末に引用文献一覧を設け、一括して明示しておくことになります。なお、同一書籍あるいは同一研究者の論文からの引用がかなりの数にのぼる場合は、目次の後に〔引用文献に関する凡例〕を置くことでかなり省略した形での原出典明記が可能となります。いずれにしても、引用することによって文章の補強がなされるわけですから、より精確な明記に心掛けてください。

転載許諾事務手続に必要な書類

次の問題は、図版・写真等の転載許諾事務手続についてです。この手続はとても複雑で時間もかかりますが、以下に詳述する諸手続を確実に実行したからといって、必ず転載許可が出されるというものではありません。転載許諾事務を行う方はまずこの現実を念頭においておくことが必要です。つまり裏返して言えば、時間もかかり複雑かつ困難であるがゆえに、著作権法をないがしろにした「無断転載」（＊）がはびこる現実があると言えなくもないのです。

「転載許諾事務」を行うには、次にあげる3つの書類の作成が必要となります。

（1）転載許諾申請書
（2）許諾書面
（3）附帯書面

転載許諾申請書の作り方と画像等の一部改変

「転載許諾申請書」とは、原著者や原出版社等に対して、どの画像をどのような形で転載するのかを明示し、それぞれの権利者から転載許可を得ようとするための依頼文です。この際、当該画像等の原本のコピー（精巧に印刷されたプリントであることが望ましい。）を添付しておくことは当然のこととして、さらに進んで、あなたが出版される本の中での扱われ方（当該画像についての解説文及び出典明記されているゲラを添付するなど）が一目で分かる資料として付けておくことが必要となります。

なお、原画像中の一部を改変して転載したい場合は、「どこをどう改変したか」

＊盗作・盗用などの違法出版物を世に出してしまった場合

万一、他人の文章を自己の文章として使った場合（＝盗作）、画像等の無断転載が発覚した場合（＝盗用）は、原著者や原出版社等から損害賠償請求の訴が提起されます。

当該違法出版物を書店流通させた場合は、速やかに全冊回収の措置を取ることになります。この場合は、原稿の内容責任の観点から、全ての責任は原稿を執筆した著者に帰着し、本として出版してしまった出版社も社名公表などによる社会的批判（制裁）を受けることになるのです。

誠意を尽くして事にあたれば、“難関突破”も夢ではなくなります。

が一目で分かるプリントを付けておくことが必要です。さらに、その一部改変された画像がどのような文章によって説明されているかが分かる本文資料が添付されていれば、原著者の理解も早まります。

許諾書面の作り方と注意事項

「許諾書面」は、相手方（＊）から本申請についての「許可・不許可」の判断を仰ぐものです。一般的には、上述の「転載許諾申請書」の最末尾に点線罫で区分した形で付けられており、その用紙自体をファックスしてもらうケースが多いのですが、申請が複雑で、また複数枚の画像転載を求める場合は、別途用紙（官製ハガキでも可）を同封してください。いずれの方法を取られるにしても、注意しなければならないことは、許諾書面の中にも、申請書に書かれた転載画像と同じ番号（これはあなたが任意に付けておくことが必要）と当該画像のタイトルをしっかり明示しておくことです。

転載許諾申請書に附帯する各種書面の作り方

「附帯資料」は、その作成に最も時間をかけなければならない書類と考えておいた方がいいでしょう。相手方の諾否の判断材料として最も重要な役割を持っているからです。最低限付けておいた方がいい書面は、次の3点です。

（1）出版企画の概要
（2）出版企画の詳細目次
（3）著者略歴（学歴・職歴・研究者歴・執筆歴など）

＊転載許諾を求める相手方（著者）を知っている場合
公刊されている書籍・雑誌からの転載を求める場合、著者はもちろんのこと、出版社や雑誌の発行主体である組織・団体からの許可も併せて取っておく必要があります。

そこでもし、あなたが著者を個人的に知っている場合であれば、まず著者に転載許諾に関する打診を行い許諾の意思を確認した上で、次に「出版社等」へ許諾申請を行うようにしてください。最初から組織・団体宛に許諾申請を行うよりもはるかに短時間で許可が出される可能性が高いからです。

「出版企画の概要」は、あなた（あるいは複数の共著者）が本を出したいと思い立った出版動機を200字程度の短文に纏めてください。その中に、今回の転載許諾申請に関わる必要性が認識できる記述が含まれていれば、より効果的なものとなります。

次の「出版企画の詳細目次」が最も重要です。この詳細目次欄の中に、転載許諾申請を出される全画像のタイトルをできる限り詳しく記述しておきます。許可を求められる相手方に、「何をどこにどのようなかたちで転載しようとしているのか」が一目で分かるもの、それが詳細目次です。しかし、誤解されては困るのですが、この詳細目次の中に「転載を希望する画像のタイトル」を置いておくことは許諾を求める原著者への配慮であって、最終的に出来上がる本あるいは論文集の目次に必ず入れておかなければならないということではありません。念のため、付記しておきます。

最後の「著者略歴」ではあなたの最終学歴・職歴・研究者歴などを箇条書き的に分かりやすく記述しておきます。もしこれまでに執筆した刊行物（雑誌記事を含む。）があればそれらについても触れておくとよいでしょう。共著者がいる場合も同様です。

非売品の自費出版でも転載許諾事務手続は必要

これまで述べてきたように、他人あるいは出版社等の知的財産を転載という形で使わせていただくことは本当に困難なことなのです。なお、非商用・非売品扱いで自費出版される場合であっても、通常の商業・定価付き出版物と同様、転載許諾事務手続が必要となることは言うまでもありません。

＊「転載許諾」夜話

今から10年以上前の話になりますが、私は生物学関係の大家と目される老教授から一通のお手紙をいただきました。そのお手紙を要約すると、

「研究室にいたS君が本を出したいと言っていて、本の中でどうしても御社で出版されている本の中の図を転載したいが、その許可を戴く自信がない。彼の本の目次などの資料を付けておくので、どうか、著者の先生に許可がいただけるようお願いしてもらえないか」という内容でした。

生物学と地質学という隣合った学問領域の話であっても、おそらく自ら転載許諾を求める自信がなく、師である老教授に相談されたのでしょう。私は、和紙に達筆で書かれた依頼文を二度読み返し、そこに存在する深い師弟愛に思いを致しました。

京都にいる先生には資料等を添付で送り、即日「快諾」の返事を戴くことができました。私の心に残る転載許諾にまつわる思い出の一つです。

たとえ電子書籍であっても、転載許諾事務は確実に行っておくべきです。

Q8 まず「外堀」から埋めていく

Q これから実際の本文レイアウトに挑戦しようと思います。具体的にはまず何から始めたらよいのでしょうか。その手順を分かりやすく説明してください。

A 

最初に決めることは「本の大きさ＝判型」です。そして次に、「印刷可能範囲」を決めます。つまり、まず外堀を埋めておいてから徐々に本丸に近づいていくのです。

解説

「用紙限界」と「印刷範囲限界」を決める

レイアウト（＊）の話の最初から少しばかり難しい用語が出てきましたが、この程度のことで怯んでいてはいけません。1つ目の「用紙限界」とは、あなたの本に使用する紙の大きさのことで、これを通常「判型」と言います。2つ目の「印刷可能範囲」とは、本文が印刷される面積のことを指し、「ページ数＝ノンブル」と「柱組」もその中に入ります（左ページの上図を参照）。判型はＪＩＳ（日本工業規格）でそれぞれの大きさが定められており、作られる本の内容や使途によって判型も概ね決まっています（左ページの下図を参照）。なお、柱組とは、本の展開を区切る「部・章・節」などの項目タイトル置いておくのが一般的です。

本書の場合で言えば、Ａ5判の縦寸法を15ミリカットした「Ａ5変型判」です。カットした分だけ用紙のロスが出ますが、形状が真四角に近いため、教科書・テキスト向きと言われるＡ5判型のイメージから硬さが無くなり、持ちやすく開きやすい本になっていると思います。

＊私が座右の書としてこれまで使って来た本は、鈴木敏夫著『基本・本作り』（印刷学会出版部発行）です。本書は昭和42年4月の初版刊行ですから、おそらく書店さんで購入することは難しいでしょう（私が持っているのは昭和56年9月刊行の第3版第2刷です）。鈴木先生独特の優しい語りかけ口調の文章は、「難しいことまで易しくしてしまう」魔力のようなものをもって読者に迫ってきます。ぜひ図書館などでご覧になってください。

感性で決まる「印刷範囲限界」

いろいろな本を見ていて思うことは、「文字がギッシリ詰まっていて読みづらい」とか、反対に「文字間や行間が開きすぎていてページ面全体が間延びして見える」というケースが多いことです。これには、想定総ページ数を前提としてページ割をしてきた結果であれば理解できなくもないのですが、総ページ数を成行きで考えていける方であれば、何度でも行間調整を試みるなどして、最も読みやすく面全体が引き締まった感じのレイアウトをぜひ考えてみてください。

下図は、用紙限界と印刷範囲限界をA５判型を念頭に模式的に示したものですが、天地左右にある余白（マージン）の数字は単に例示的に示したに過ぎません。

この問題は、次の設問の「余白の効果」とも密接に関連してきますが、たとえ文字がギッシリ詰まっていても、ページ面の余白をうまく使うことで、文字のギッシリ感を弱めることは可能です。これは、あくまでも作る人の感性による産物であり、「決め事や法則」のようなものは一切ありません。

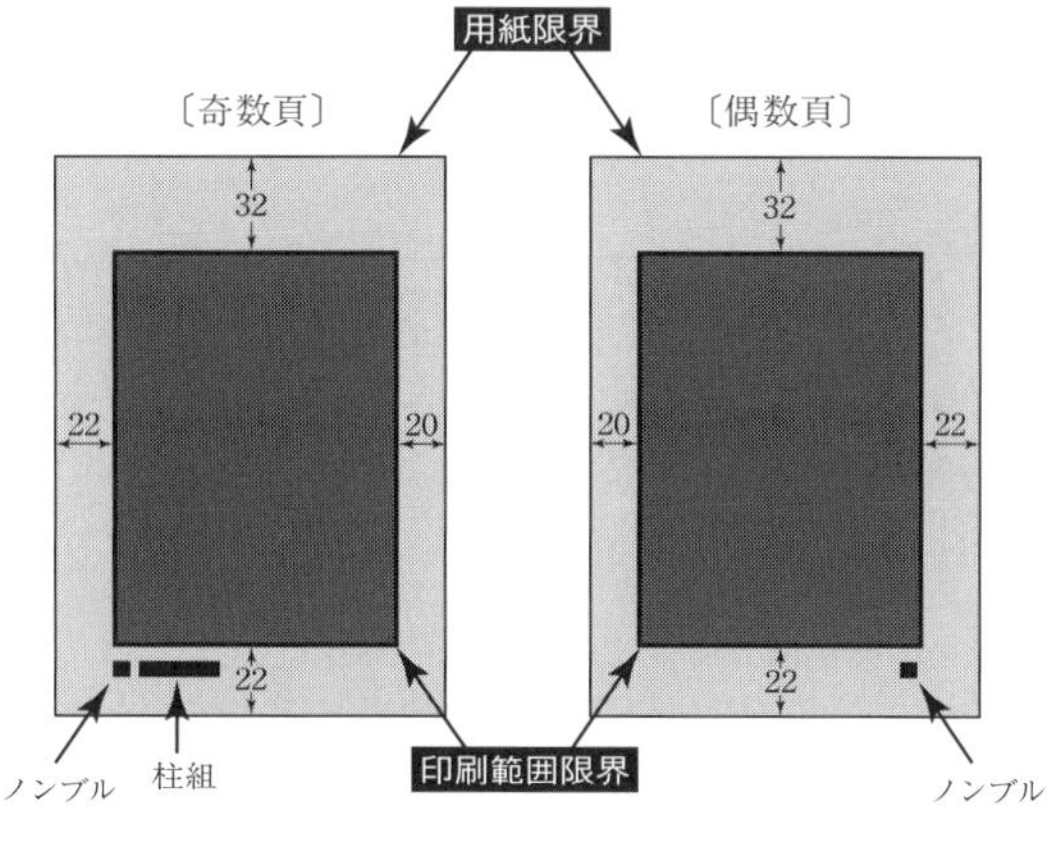

用紙限界と印刷範囲限界を示す図

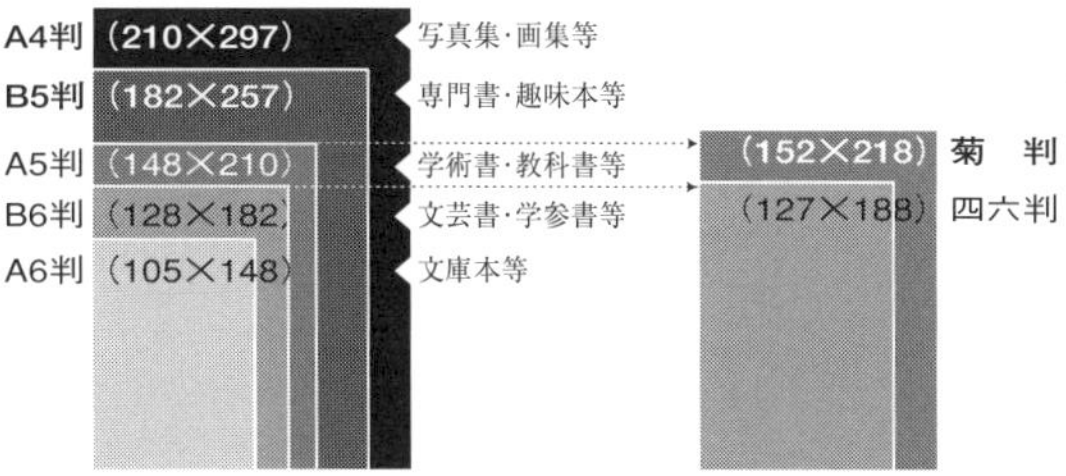

本の判型と使途
※菊判はA5判より，四六判はB6判より一回り大きい。）

外堀から攻めていって本丸に近づいていく…。なにか時代劇みたいですね。

Q 9

「余白」の効果

Q 本文のレイアウトをしてみたのですが、文字だらけのため読みづらくてかないません。余白はどのようにして作ったらいいのでしょうか。

A

あなたが作られたレイアウト面にも確実に余白は存在します。極端に書けば、「文字が乗っているスペース以外は全て余白である」と考えても間違いではないのです。

解説

「周囲の余白」と「中の余白」

左図をご覧ください。そこには印刷範囲限界と用紙限界を境してグレーの色がかかっている面積がありますが、これが「周囲の余白」です。これらは次の４つに区分されます。まず、上部の「天の余白」、そして下部の「地の余白」、２つの面の中央に控える「ノド余白」、最後が２つの面の左右両側にある「小口余白」です。つまり、本のレイアウトを場所的に把握すれば右の４つの大きな余白（マージン）によって囲まれていることになるのです。この４つの余白の取り方次第（天地余白の場合は「高さ」、左右余白の場合は「幅」の取り方）で、本文レイアウト（面）の趣きはガラリと変わってきます。

「文字が乗っている行」の隣はご存知の「行間」という大事なスペースで、この行間に先の「周囲の余白」に対応する用語を充てれば「中の余白」となります。この行間（幅）の取り方次第で本の見やすさ・読みやすさは決まってきます。このように見てくると、インクの乗っている面積がいかに小さく、それ以外の「白い領域」がいかに大きいかがお分かりいただけたのではないでしょうか。

「空白の魔術師」とは？

　ある高名な装丁家が「カバーデザイナーは空白の魔術師である」と書いていましたが、この言葉はそのまま本作りに携わる版面設計者（書籍レイアウター）の仕事にも通じるものがあります。「空白」は余白と置き換えてもよく、カバーデザインの世界では余白は「白」とは限らず、無数に存在する色の全てを余白と認識していきます。つまり、ブックカバーのデザインを考える上で欠かせない「著者名やタイトル等」の絶対素材を置くためのスペースを除き、それら以外の広大なスペース（余白）は全てカバーデザイナーによって自由使用が許される領域であることを意味しているのです。この理は、書籍の版面設計を考える上でも同様なことが言え、先の絶対素材に当たるものが「本文原稿そのもの」となるのです。そして、それらをいかに美しく置いていくかが腕の見せ所となるのです。

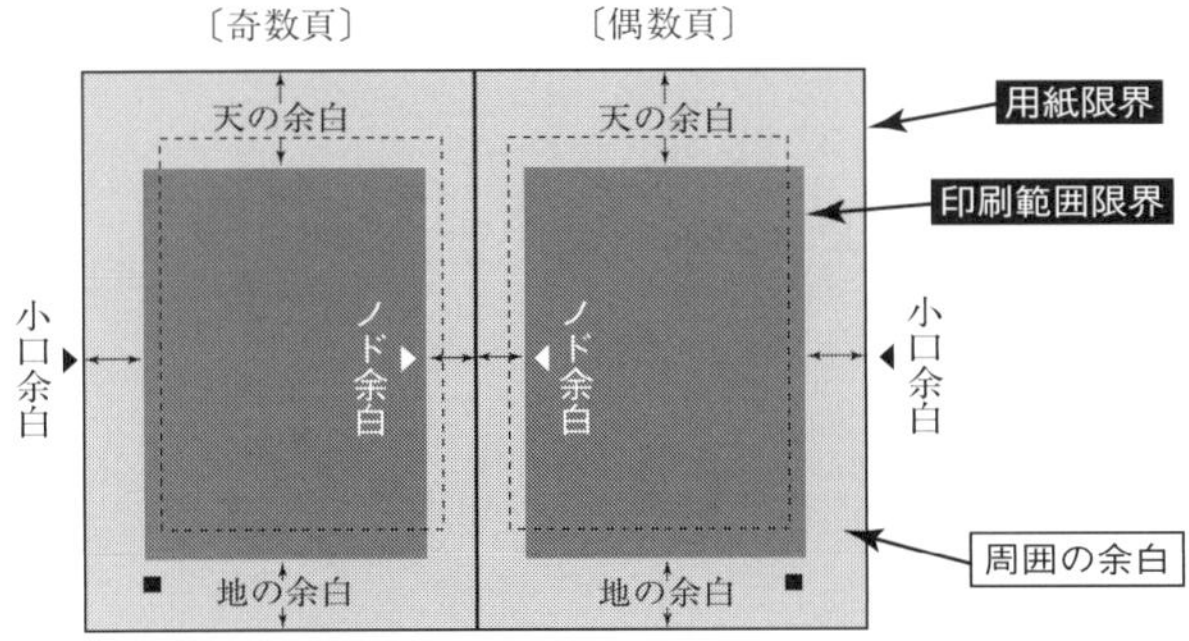

紙の周囲にある「4つの余白」

＊周囲の余白を決めることは、同時に文字の支配する領域も決めることになる。

本書のまえがきで私は、「型にはまった取り決めなどは何一つない」と書きましたが、前問のト書きで紹介した鈴木敏夫先生の『基本・本作り』には、古典的なレイアウト例として、モリスやアンウィンのセオリーがそれぞれ図示してあります。

上図の中に点線部分で示した組版領域がありますが、これは、モリスとアンウィンの余白の取り都合をかなりアバウトに表現したものです。これを見ればお分かりのように、地を天の２倍近く取り、ノドは小口の２分の１ほどになっています。

共に、横文字の本のレイアウトのため、縦組を多用する日本の書籍にそのまま適用することはできませんが、本の扱いやすさの追究がお二人のレイアウトの創造に繋がっていることだけは確かなようです。

余白を効果的に使っていけば、余白に「文字以上の意味」が生まれます。

Q10 写真・図版のレイアウト

Q 私の本には写真が20枚、図が5枚入ります。これら写真や図のレイアウトを考える際に気をつけなければならないことを教えてください。

A 

写真や図が挿入されてくることで、文章自体の分断化が起こります。これらの画像をうまく配置することで、文章も画像も共に生かすようなレイアウトを考えてみてください。

解説

本文と写真・図版との整合性を図ること

おそらく小説本の類を除いて、どの本にも写真や図版（以下、画像と表記します。）が数枚から数十枚は挿入されてくるものです。画像が入る理由は、あなたの文章に説得力を持たせ、それを立体的に補強するために必要だからです。本文のレイアウトを考える際は、まず文章の続き具合に支障をきたさないように各画像を正確に配置していくことが求められます。正確に画像を配置することによって「文章を読んでいると同時に写真等も一緒に眺められる」構図が理想形です。

かなりの枚数の画像を挿入される場合であれば、文章との関連性を持たせる意味から、各画像に番号を振るなどしておくことが求められますが、数ページに1枚程度の割合で画像が入る場合であれば、あえて番号を振らず、本文中で「（○○ページの写真を参照）」という具合に表記しておくだけでもいいでしょう。いずれにしても、画像が入ることで、大切な文章が分断されてしまい、読みづらい本になってしまうことだけは避けるようにしてください。

画像の集団化で文章の分断化を回避する

画像の挿入で一番頭を悩ませる問題は、文章の同じ箇所に何枚もの画像が連続して入ってくるケースで、文章との整合性を取ることが難しい場合の対処法です。このような場合は、一つ一つの画像を点在的に置いていくのではなく、①画像の集団配置（1ページの中に4、5枚の画像を一度に取り込んでしまうこと、下図参照）を考える、②比較的大きな図版の中に関連写真を数枚埋め込んでしまえば、かなりの精度で文章との整合性を維持することができます。②のケースでは、写真の大きさをかなり縮小しなければいけませんが、できる限り有効なトリミングを行い、写真や図版全体の価値を減少させない工夫をしていくことが必要です。

各画像の置き方（位置）はもちろん文章展開次第で決まりますが、2ページ見開き状態で考えれば、その両ページの中に散らばっているように置く、つまり相似対照的に離して置いていくことが有意と言えるでしょう。これは先にお勧めした「画像の集団化」の逆をいく考え方で、これが画像配置の基本です。

4枚の写真を1ページ内に収めた一例

中央の写真の重要部分を一番下の写真の不要部分に被せている。中央右に空いたスペースにキャプションをゆったり置く。

画像に附帯する説明文（キャプション）の扱い方

ただ単に画像だけをポツンと置いてあるケースもありますが、ほとんどの場合は、写真や図版に関する短い説明文が付けられています。この説明文をキャプションと言います（右図の中央右にある2行）。問題は、このキャプションと画像との間の空間＝余白をきちんと取っていくこと、さらに、画像と本文行（文字）とを境する余白をしっかり確保していくことがページ面の美しさを保証するものとなります。

Q 11 使用フォントを考える

Q フォント（活字）は星の数ほどあると聞きましたが、どのようなフォントを選んだらいいのでしょうか。私は現在、短歌を入れたエッセイ集をまとめています。

A 

通常、本文の中で使うフォントは多くても2、3種類ほどにしておかれる方が無難です。数を増やしてしまえばそれだけ本が汚れていき、面の美しさが減殺されてしまいます。

解説

「主体フォント」と「強調フォント」

書籍の中で使用するフォントは、「主体フォント」と「強調フォント」の2種類を決めておけば版面としても十分に成立します。主体フォントはおそらく9割以上を占める文章全体に使われ、強調フォントは各文節間に置く大見出し・小見出し等に使います。これが、一般的な使い分けと言えるのではないでしょうか。主体フォントには明朝体を、強調フォントには呉竹体（ゴシック体）を使うのが一般的ですが、ゴシック体は明朝体に比べてかなり太いため、その落差感を嫌う方はゴシック体の使用を考えず、主体フォントで使う明朝体の1.3倍から1.5倍くらいの同種明朝系フォントを充てておかれてもいいでしょう。作られる本がエッセイ集であれば、かなりおとなしい感じの面が出来上がると思います。

書誌学者としても著名な庄司浅水先生は、「本というものは一種類の活字で構成されているものが一番美しい」と書いておられます。先生は聖書の蒐集家としても知られており、確かに浅水先生の全集に集録されている四十二行聖書をよく見ると、ページ面自体が文字の一画一画に飾りをあしらった同種のアルファベット群で埋め尽くされているのがわかります。聖書が作られた当時の印刷環境や技術に想いを馳せるとき、このようなお洒落なフォントがいかにして創造されてきたのか、実に興味深いものがあります（＊）。

文章全体を平等に生かす（着飾る）ことが大切である

「殺す」という言葉はあまり使いたくないのですが、この言葉を使った方が読者の方の理解を早めるため、あえて使ってみることにします。

多くのフォントを使って、文字のもつ意味の違いを出そうとすることは間違った考え方ではありません。しかし異種フォントを使って、ある一部の文字を強調するということは、その周囲に控える文字群の力を弱める、あるいは「殺してしまう」ことにも繋がります。つまり、使うフォントの種類を増やせば増やすほど、この危険性は高まり、延いては文章全体の調和や統一感も崩してしまうことになるのです。

フォント選択に不安があればプリント出力で確認してみる

一本一本の活字を植字して版面を作っていた活版印刷の時代は、フォント（活字）の取替えなどということは不可能で、全て組み直しとなるため経費もかかりました。しかし現在のデータ編集では、容易に取り替えることができ、それも瞬時に画面で確認することができるのです。そしてプリント出力時によく経験することですが、何度もフォントの取替えをしていても、結局は元の鞘に収まる、つまり最初に決めたフォントに戻ってくることが多いのです。

＊ほぼ一種類のフォントで構成するページ面の試み

本書の目次は12ページ構成で作ってありますが、この中で白抜きの章番号表示以外の全てのフォントは、リュウミンRと呼ばれる明朝系のフォントを使っています。

さすがに浅水先生の言われる「一種類の活字だけでページ面を成立させる」自信が持てないため、章番号の表示だけはワンポイントの形でゴシック体のフォントを使っています。

白抜きの色の強さを落とすため、70%のアミ掛けとし、この黒い異物の力をさらに減少させる効果を狙って、横罫線を交差させています。

あちらを立てればこちらが立たず…。フォントの選択もこれに似ています。

Q12 頭の中の「白い紙」

Q　いろいろなレイアウトの構想を考えているのですが、そのたびにかなりの時間をパソコン作業に費やしています。なにか良い方法はないものでしょうか。

A

レイアウトの構想を何度も考えるということは、あなたの考えた構想や構図のどこかに不満があるからです。そういう時は身近にある本に倣うのが一番の早道です。

解説

最初は「模倣」から始めたほうがいい

本文レイアウトに挑戦する場合、最初にしていただきたいことは、その道の先達のした仕事をできる限りたくさん見られることです。もちろん、あなたが本にしようとしている分野（ジャンル）の本ということになりますが、もしあなたの書架の中にない場合は、お近くの図書館や書店さんに行かれれば厭というほどお目にかかることができるのです。つまり、「最初は模倣から始めよ」ということに他なりません。何も恥ずかしいことではなく、こう書く私も最初はそうでした。

今から30年ほど前の話で恐縮ですが、私はそれまで法律系の出版社に勤めていて、作っていた本はほとんどが縦組みの本でした。その仕事に飽き足らなくなって、自然科学の本を作ってみたいと考えるようになりました。縦組みの世界から横組みの世界への頭の切り替えという、まさに「90度のコペルニクス的転回」を自らに課すことにしたのです。

そこで私が最初に始めたことは、「横組版面設計の目測訓練」でした。

居心地の良さそうな比較的大きい書店さんに目星を付け、時間が許す限りそのお店の理工書フロアーに通い詰め、お目当ての本を眺め続けました。その場で紙と鉛筆を出すわけにもいかないので、頭の中の「白い紙」に見たものを描いていくのです。つまり、本を見ている振りをした、「目測訓練」の始まりです。書店さんの裏の通りには小さな喫茶店があって、いつもそこで、頭の中に入れてきた情報を頼りに本当の白い紙に書き出しました。どうしても思い出せない時はもう一度書店さんに戻って確認のし直しをし、ついでに新たな発見を一つでも多く持って喫茶店に戻ってくるという繰り返しをしたのです。

模倣からの発展を模索する

このような目測によるレイアウトの写し取りは、私にレイアウトすることの奥深さ・難しさ・面白さを教えてくれました。しかし、本の原稿展開は全て違うわけですから、ひとつのレイアウトを画一的に使っていくことは一部のシリーズ本の編集ではあり得ても、全ての本に使っていくことはできません。つまり、あなたが本にしようとしている原稿に最もフィットする形に、参考にしたレイアウトを発展させていかなければならないのです。そこに少しの変化を加えるだけで、版面の感じはガラリと違ってきます。それを一つ一つ実際の紙に描いたり、プリント出しをしていたら余計に迷いが生じてきますし、時間もお金もかかります。こういうときは、頭の中の白い紙に「書いては消し・描いては消し」の繰り返しをして、だんだんとあなたが理想とする版面の形に近づけていくのです。

自費出版の場合は、殆どのケースで「最初で最後」の経験となってしまうかも知れませんが、あなたご自身が納得のいくレイアウトをぜひ考えてみてください。

書いては消しができる人はいいのですが、これがなかなか消せないのです。

コラム 1

本書中の用語の使い分けについて

「制作」と「製作」の意味は殆ど同じですが，私は便宜上，出版社の机の上で行う仕事については「制作」を使い，印刷会社に引き継がれた以降の仕事については「製作」を使うようにしています。もちろん，この区分けが付きにくい場合（仕事が重なっているような場合）は，印刷会社さんに敬意を表して「製作」の文字を充てるように心掛けています。前著出版の折，法律的記述のご校閲を稲垣　清弁護士にお願いした際，先生から「この2つの用語が混在して使われている」というご指摘を受けましたが，私の屁理屈など聞いていただいても仕方がないことと思い直し，その時は何も答えませんでした。

本書では「調製」という用語が契約書の稿などで頻繁に出てきます。この用語は私が若い頃から好きで使っている言葉なのですが，ワープロが出始めた1980年代には「調整」という文字しか出てこず，入力の際は，「調整」と「製本」の2語を打ち，不要な2文字を消去して「調製」としていました。しかし，現在のワープロ辞書にはしっかりと2番目変換で「調製」の文字が出てくるようになったため面倒臭い入力作業からは解放されることになりました。

本書には1ケ所しか出てこない用語として「入工」という言葉があります。この言葉はもちろん私の造語なのですが，これに対応する用語は「入稿」です。入稿とは言うまでもなく，著者が原稿を脱稿し，それが出版社に入るときに使う言葉ですが，私が使う「入工」とは，完成させた印刷データを印刷会社（工場）に入れるときに使っています。私のような小老兵でも活版印刷の最末期の現場を知っています。文撰とか機械場校正などという昔懐かしい現場の慣用語を持ち出しても詮無いことですが，時代がいくら移り変わろうとも，仕事を教えてもらったことへの感謝の気持ちは決して消えるものではありません。

業者さんを選ぶ

原稿が無事出来上がって，さぁ次は，本を実際に作ってもらうことになる「業者さん選び」となるでしょう。しかし，ここで焦ってはいけません。業者さんは星の数ほどあるからです。性急に決めてしまえば，もう後戻りすることもできなくなります。それが，自費出版というものです。

本章ではまずはじめに，あなたの本作りの依頼先をどこに絞ればいいのか，を問題にします。その後は，そこから始まる交渉事の流れに沿って，「出版相談する際の心構え」「上手な見積り依頼の仕方」「契約書を調印することの意味」，そして最後が「契約後の製作場面でどう関わっていけばいいのか」について詳しく書いていきます。

業者さんとの交渉であなたは，「お金が高いか安いか」ばかりを問題にしていてはいけません。一番大事なことは，あなたの本を責任をもって作っていくことになる「人間の問題」です。これこそあなたの，人を見る眼が試される“試練の一里塚”となるのです。

Q13 少部数の自費出版

Q 遺稿集を50冊作って一冊当たり五千円以上かかるそうです。私の予算をはるかに超えた金額でどうしようかと迷っています。もう少し安価に作る方法はないのでしょうか。

A 本格印刷で作られることは断念され、簡易な印刷・製本で作られることをお勧めします。この簡易な形式でも原稿データ入力と印刷出力ファイルの作成作業は発生します。

解説

1冊当たりの経費が高騰するのは少部数出版の宿命

少部数になればなるほど1冊当たりのコストが高騰するのは避けられないところです。それでも本格印刷で作られたい方はかなり高めの金額になることを承知の上で作られたらよろしいでしょう。反対に、できる限り経費をかけずに作りたい方は、お近く方の協力を得ながら、次に述べる簡易な印刷・製本方法を実践してみられたらいかがでしょうか。

簡易な印刷・製本をするための手順と注意点

原稿をパソコンでデータ入力し、ワープロソフトを使ってページレイアウト（ページ割付）をします。このデータをＰＤＦファイルに変換し、両面印刷が可能なプリント出力サービス専門のお店（＊）に持参してください。本文用紙をより本格的なものに近づけたい方は、街の洋紙店さんで書籍専用紙（クリームキンマリ紙）を購入してお店に持参してください（用紙持込み可のお店に限ります）。

＊入力データ持参上の注意点
ＰＤＦファイルを持参する際は、ＰＤＦに変換する前のデータも一緒に持参するようにしてください。万一、ＰＤＦファイルに問題があり、プリントできない場合は、お店でこの元データを使って問題のあるファイルを再製することになるからです。

ＰＤＦファイルへ変換する際の注意点

データ入力された全ページ面をＰＤＦファイルに変換するということは、今後一切データの内容を変更することができなくなることを意味します。つまり、①ページ数の繋がり具合、②文章の繋がり具合、③目次と本文ページ数との整合性、④章見出し等を置くことの多い「柱組」の正確な表記と位置が正しくなされているかどうかについての確認を複数の人で慎重に行うことが必要です。

用紙購入の際の注意点

また、用紙を購入される際は、紙の目（タテ目とヨコ目があります。）を間違えてはいけません。紙の目は判型によって決まっています（＊）。この目を間違えると、製本した後に本がよじれてしまうため、注意が必要です。詳しいことは洋紙店さんでお尋ねください。また、プリント出力の段階で発生する損紙の発生を考慮すれば、購入される用紙の枚数は印刷に必要な枚数分の１割アップとしておいた方がよろしいでしょう。

製本会社さんとの交渉

出力サービス専門のお店で製本の仕事まで扱ってもらえる場合はいいですが、印刷までということであれば、お近くの製本会社さんと交渉することになります。突然持ち込まれた仕事であるため１部当たりの製本価格はやや高めになるかもしれません。製本会社さんには印刷物を一部ごとページを通した形で持参するようにしてください（これを、刷り本と言います）。別刷りの表紙が付く場合は、表紙と本文を正しく合体させた「製本見本」を必ず付けるようにしてください。

＊紙の目の覚え方

〈タテ目の紙を使う判型〉
Ａ５判・Ｂ５判
〈ヨコ目の紙を使う判型〉
Ａ４判・Ａ６判
Ｂ４判・Ｂ６判

もうお分かりのように、判型の数字が奇数の本はタテ目の紙を、偶数の本はヨコ目の紙を使うのです。

なお、右の決まりは通常の縦綴じ本の場合であって、反対に本を「横綴じ」とする場合は、当然逆になることは言うまでもありません。

Q 14 編集料に相場はない

Q　出版社で見積りを取ってみたら編集料だけで40万円でした。私の原稿は文字中心で、写真が5枚入るだけです。編集料に相場のようなものはあるのでしょうか。

A 

ありません。編集料に基準（相場）のようなものはなく、各社各様とお考えください。依頼者ご自身がその額を認めるか認めないか、にかかっています。

解説

編集料は見積りを取ってみなければ分からない

出版社から見積りを取られれば、まず編集料（＊）というソフト部分の経費が付けられてきます。これは、印刷・製本・用紙発注等の仕事（ハード部分の仕事）を印刷会社等の外部の会社に依存しているため、出版社がこの経費を付けなければ事業として成り立たないことを意味しているのです。しかし、各社のホームページに掲載されている価格表には、編集料を含めた「費用の総額」が明示してあるだけで、実際の編集料について明示している会社はほとんどありません。つまり、編集労働をグラムで換算できない理屈と同様、新幹線の料金表のような「距離に応じた画一的数値＝料金」を明示することができない経費なのです。

編集料の価格増加要因

一般的には、作られる本の判型（サイズ）によって1ページ当たりの編集料の価格は決められていて、それぞれの原稿の内容や編集仕様条件のいかんによって、

＊編集料の内訳

編集料はもちろん原稿内容によって細部の費目は決められてきますが、一般的なケースでまとめてみると、次のように細分化できます。

①本文編集料
②編集加工料
　1. 画像データ作成費
　2. 図版トレース費
　3. データオペーク費

②の編集加工料は「図版・写真」が入る場合です。この他にも、カバー等の付き物については、次の作業が挙げられます。

④カバー版下制作費
⑤イラスト等の制作費

ページ単価の増減がなされていくものと判断できます。価格に反映される代表的な価格増加要因には、①和文・欧文混合、②段組の有無、③本文使用色数の増加などがあげられます。

編集難易度に応じた編集料価格の増・減価調整

問題は、設問にもあるような「編集難易度の極めて低い原稿」の場合です。出版社によってはこの難易度の高低によって、1ページ当たりの編集料の価格に変化を持たせる（スライド調整する）会社もあるかも知れませんが、多くの場合は、各社の価格表を基準にして見積書が作成されていくものと考えられます。そこでもし、あなたが編集料という経費を認めたくないということであれば、出版社に仕事を依頼していくことは最初から考えず、自費出版物の製作を請け負われる印刷会社に直接仕事を依頼していかれた方がよろしいでしょう。

時代が移り変わっても編集労働自体の中身は変わらない

今日のような平版オフセット印刷、フィルムを必要としないＰＳ刷版、ＣＴＰ印刷の登場、テキスト編集や画像加工処理が自由自在にできるＤＴＰ編集体制が確立された時代であれば、40年以上前の活版印刷時代では考えられないような「コストの大幅減と納期の短縮化」が実現していることになるのです（＊）。

しかし、上記の事柄は本の製作における機械化・省力化、編集ソフトウェアの開発等が進化したことによる「製作コストの大幅減」を意味しているに過ぎません。つまり、本作りで最も重要な位置を占める編集労働の中身自体は、時代がいくら移り変わろうとも一切変わるものではないのです。

＊色校正の価格を例に取れば

美術書の世界ではおそらく今でも本格的な色校正ゲラを出して（つまり、お金をかけて）本を作られているでしょうが、それほど色の出方を重要視しない場合であれば、本格的な色校正を取らず、コンセンサス色校正（簡易色校正）で間に合わせるのが一般的です。

40年以上前の活版印刷の時代であれば、Ｂ６判型のカバー一式の色校正は４～５万円ほどしたものですが、現在では、その半分程度の金額で賄うことができるのです。

Q15 本格印刷の基準ロット数

Q 発行部数500部と300部の場合の価格差は約5万円でした。どうしてこういう結果になるのでしょうか。私の本は非売品として出版し、すべて図書館など公的機関に寄贈する予定です。

A

本の製作価格は発行部数による比例計算通りにはなりません。本格印刷・製本の場合は、500部以上作られる場合を経済的な発行部数の目安と考えてください。

解説

編集費用等（固定経費）と印刷関連費用（流動経費）

自費出版にかかる経費は、編集費用等（固定経費）と印刷関連費用（流動経費）の2つが大きな費用で、固定経費は発行部数に関わらずその額は常に一定です。つまり、作られる部数が100部であっても一万部であってもその金額は一切変動しません。これに対して、印刷関連費用は発行部数に応じて増減していくことになります。ここに、発行部数が倍になっても同じように費用（価格）が倍になることはない理屈があるのです。（しかしこの理屈は、オンデマンド印刷（＊）では適用されません。オンデマンド印刷は、本格印刷と簡易な印刷の中間に位置する印刷・出版方式であり、その詳細については、下掲に詳しく解説してありますので参考にしてください。）

印刷価格と製本価格の最低基準ロット数

本格印刷（本稿では、オンデマンド印刷を除いて考えています。）の場合は、印

＊少部数の出版に向いているオンデマンド印刷

オンデマンド（on-demand）とは「要求に応じて・要求があり次第」という意味です。オンデマンド印刷とは「依頼者の方が必要とされる部数を必要な時に印刷・製本する印刷出版形式」です。

オンデマンド印刷では、本格的なオフセット印刷で必要とされる「版をつくる工程」が不要なため、低コストでの印刷が可能となります。少部数しか必要としない印刷物・出版物をより経済的に製作する上で有効な印刷システムとして近年注目を集めています。

刷に係る最低基準ロット数（＝印刷通し枚数）が「千枚＝千部」という値で決められているため、発行部数が１００部であっても千部であってもその額は一切変わらないことになります。また、製本に係る最低基準ロット数（＝製本仕掛り部数）も平均５００部程度と認識されているため、その数が１００部であっても５００部であってもその額は殆ど変わらず、多少価格が変動するのは用紙代のアップ分のみです。したがって、発行部数が少なくなればなるほど、１部当たりの製作コストは高騰していくことになるのです。

「請負工賃の最低保証」という考え方を理解する

自費出版を考えている人の中には、発行部数が5倍とか10倍になっても印刷費用や製本費用の額に差が出ない現実に対して訝られる方もおられるかも知れませんが、これはこれまで一貫して行なわれてきた印刷・製本業界の商取引慣行であり、それを支えてきたのが、「請負工賃の最低保証」という考え方です。また、用紙＝資材についても同様のことが言え、５００部以上の場合であれば「連買い」（1連＝全紙千枚分）で安価に買えるものが、数百部の場合は「数百枚の袋買い」にせざるを得ず、この分価格もかなりアップします。少部数で見積りを取られる場合は、この現実をしっかりと認識しておいてください。

したがって、本格印刷で本を作ろうと考えているならば、発行部数が５００部以上であれば1部当たりの製作単価（コスト）が経済的に収まっているものと判断してよいでしょう。しかし、そうだからといって、実際には３００部しか必要としないケースで、５００部に増部数することはお勧めできません。今後使途のない残部数の管理・保管も大変になるからです。

＊オンデマンド印刷のメリットとデメリット
オンデマンド印刷のメリットは、製版工程がないことによるコスト安と、出力速度が早まることによる短納期の実現、の2つです。一方、デメリットとしては、①本格的なオフセット印刷で使われるインク（液体）とは違い、オンデマンド印刷ではトナー（粉末）が使われるため、印刷の仕上がり状態にいろいろな問題が出ることが指摘されています。

＊本格印刷との相見積りが必要な場合
オンデマンド印刷の場合は、「1冊当たりの製作単価×部数＝総コスト」となるため、総ページ数や出版部数によっては本格印刷の価格を上回るケースがあることも考えておく必要があります。そのような場合は、本格印刷とオンデマンド印刷の両方から見積りを取られて慎重に判断していかれるべきでしょう。

Q16 出版社は本作りの仲介役

Q 相見積りを出版社2社と印刷会社数社に依頼したところ、金額に大きな開きがあることが分かりました。どうしてこのようなことが起こるのでしょうか。

A 

印刷会社間で価格に大きな開きが出ることはありません。出版社の場合は、おそらく編集費用関係の経費が付けられることで価格差が発生したものと考えられます。

解説

専門的な編集作業をする印刷会社も増えてきた

出版社と印刷会社の双方に見積り依頼した場合、まず感じられることは「出版社が高い」ということでしょう。この理由は、Q14で解説した通り、出版社の見積りには「編集料」（＊）という経費が付けられており、この額もかなりの金額になるからです。しかし最近では、印刷会社の中でも出版社と変わらないほどの専門的な編集作業をする会社も出てきており、一概に業態の違いだけで価格の単純比較をすることはできなくなっているのが現状です。

出版社から請求される印刷諸経費について

これは、出版社から請求される印刷諸経費をどう捉えていけばいいのか、という問題です。編集料については下段のト書きに詳しく解説していますが、設問にもある通り、出版社と印刷会社に見積りを取った場合、印刷諸費用の額に差が出ることに対して訝られる方もおられることでしょう。この経費については、次の

＊編集料の中身をどう理解していけばいいか

自費出版の経費は、①編集費用（ソフト部分の経費）と、②印刷諸費用（ハード部分の経費）を合計したものであることはQ14で解説した通りです。

そしてこの区分けは、「編集料」の中身についても同様なことが言えるのです。

①原稿点検費用
（ソフト部分の経費）
②組版作成費用
（ハード部分の経費）

「原稿点検」とは実に書きにくい言葉ですが、本稿ではあえて使ってみます。

2つの意義付けができるのです。

出版社は本作りの仲介役である

その一つが、言うまでもなく出版社が果たす「本作りの仲介役」としての役割です。依頼者の方に代理して本の製作（印刷を中心とした製作関連作業の全て）の指揮をとり、間断なく適切な指示を出していくことによって、本は計画的に作り上げられていくことになります。この出版社としての役割を正当に評価されるならば、ただ単に「利益だけを上乗せしている」という一面的な考え方が的を射ていないことは自明の理と言えます。

また、上記の「仲介役」としての仕事の中身を問題にするならば、原稿内容や本文編集の複雑さという「仲介上の難易度」も個々のケースごとに考えていく必要があるのです、つまり、一律に数％～10数％という数値を乗ずるというのではなく、それぞれの仲介（仕事）上の難易度を判断していくことで、理に適った請求金額を提示していく姿勢が出版社に求められているのです。

印刷会社との渉外費用および依頼者への説明費用

そして、もう一つの意義付けは、実際に発生してくる印刷会社さんとの交渉・通信費用、依頼者の方への説明費用（本文及び色校正ゲラの説明など）の渉外上の経費です。もちろん、これらの費用は当然契約後の展開次第で発生を見るものですから、見積り計算の段階では「印刷諸経費合計の何％」というかなりアバウトな数字になることは否定できません。これらの経費は、通常「印刷営業費」として認識されていくことになるのです。

依頼者の方が原稿点検の必要を認めない場合、あるいはご自身で組版作成＝ページレイアウトをしている場合であれば、右にあげた2つの作業は全く不要となるため、迷われることなく印刷会社に相談され仕事を依頼していかれればよく、この2つの作業の必要性を認める方だけが出版社に仕事を依頼していけばよいことになります。

ページ面を制作する組版作成の作業は金額的に理解しやすい性格の経費ですが、こと原稿点検となると、果してどこまでの作業をしてもらえるのかは、制作担当者の考え方次第ということになり、はっきりしたことをここで書くことはできません。

いずれにしても、編集料の額は多額であるため、慎重に判断していくことが必要で、あなたの本作りの希望に沿った「仕事の依頼先」を決めていかれるべきでしょう。

仲介役とはいうものの「単なるアンカーマン」では意味がありません。

Q17 非売品の自費出版

Q 非売品の自費出版を考えています。パソコンで原稿のデータ入力をし、写真や図版のデータも独力で作りました。私はどこに仕事を依頼していけばいいのでしょうか。

A 
原稿のデータ入力も済み、編集作業が終わっている場合であれば、出版社ではなく自費出版の仕事を請け負われる印刷会社さんにまずご相談ください。

解説

出版物の製作仕事は必ず印刷会社さんに回されてくる

本に定価を付けず書店販売も考えない、いわば非売品扱いの本（＊）として制作していこうと考えていて、かつ、本の編集作業もご自身でされて終わっている場合であれば、出版物の製作を引き受けてくれる印刷会社さんにまずご相談されることをお勧めします。

出版社をはじめとして編集制作を引き受ける会社に仕事を依頼されても、最終的には印刷会社さんにその仕事は回されてくることになるわけですから、出版社に仕事を依頼すれば価格的な面で負担が重くなっていくことは当然の理屈です（Q14・Q16の解説を参照）。したがって、あなたの書かれた原稿をほぼそのままの形で印刷化・出版化したい場合であれば、迷われることなく、自費出版物の制作を請け負われる印刷会社さんにまず相談をして、安価に製作されていかれることが、経済的には最善の選択と言えます。

出版社は未編集状態の原稿を本にしていくことを仕事としているところです。

＊「非売品」の表示の必要性
古くは「私家版・私家本」といわれた非売品扱いの本が、手作り本を含めて、年間どれほどの数が出版されているかは手許にデータがないため、はっきりとしたことは分かりませんが、年間を通してかなりの数が作られていることだけは確かなようです。
発行の際、「非売品」という表示をカバー等に付けておく義務はありませんが、「表示がないと消費者が有償・無償の判断に迷うことになるため、できれば付けておいた方が望ましい」とのことです。
（日本図書コード管理センターへの問い合わせより）

すでに編集作業が終わっている原稿を持ち込まれても意味がないのです。

出版社に仕事を依頼する場合は事前にコンタクトを取る

　しかし一方、原稿内容に自信が持てず、本の構成（目次の展開・見出しの立て方など）について出版・編集のプロに目を通してもらいたいというお考えを持っている場合であれば、価格がアップすることを承知の上で、出版社も業者選択肢の一つに入れて考えていかれればよろしいでしょう。広告等を出して常時自費出版の仕事を扱っている出版社であればアポイントなしで訪問されても問題はありませんが、中には自費出版の仕事を扱わない、あるいは自社の企画で手一杯の場合はお断りになることもありますので、注意が必要です。

編集事務所に相談するのも一考に値する

　データ入力もされ、ページレイアウトも終わっているケースで、ご自身でこれまでしてきた編集仕事に対してどうしても編集のプロにコメントや助言を受けたいと希望される方は、出版社ではなく個人の編集事務所を訪ねられ、相談に乗っていただくことも有意なことと考えます。もし、そういう方面の方をすぐに見つけられない場合はあなたが訪問された印刷会社さんに相談してみてください。適当な方を紹介していただけるかも知れません。いずれにしても、あなたの本は「完全自作」となるわけですから、一つでも多くの有益なコメントをその道のプロと言われる方に指摘していただくことは意味のあることです。インターネットで探される場合は、地域名を入れて限定検索しても探し当てることは難しく、単に「編集事務所」だけを検索用語としてください。

非売品の本の中にも、お金を払いたくなるような本がいっぱいあるのです。

Q18 相談交渉事始め

Q 友人からの紹介で出版社に自費出版の相談に行くつもりです。出版については明るくないので少しばかり不安ですが、訪問する際に気をつけなければならないことを教えてください。

A

お一人で行かれるのが不安であれば、ご家族か友人の方と行かれたらどうでしょうか。一番大事なことは、結論を先送りするような「優柔不断な対応」を取らないことです。

解説

コネがあることが時には障碍にもなりうる

友人の方からの紹介とのことですが、コネクションを頼りに相談交渉を始める際に気をつけなければならないことは、コネクションがあることの有利さは「自費出版交渉を始める第1日目の効果（相談に行きやすいという精神的効果）にとどまる」ということです。たとえ紹介者を通した交渉事ではあっても、本作りに対する考え方の違いや示された見積り金額とあなたのご予算との間に大幅な価格差を感じられたときは即刻交渉を打ち切るべきで、結論を先送りするような「優柔不断な対応」を取ってはいけません。

個人用名刺は不要

出版相談の最初に行われるのがお互いの「名刺交換」です。この際、もしあなたが勤務先を定年退職されていて、現在名刺の持ち合わせがない場合であっても、改めて個人用名刺を作る必要はありません。また、ご自宅の住所・電話番号等を開示された方であっても、文書による営業コンタクトや電話による連絡を求めない方は、その考え方をしっかりと伝えておくべきでしょう。そして、ここまで徹底した対応方を取られるのであれば、見積書の送付についても丁重に固辞され、あなたご自身で受け取りに出向き、見積り内容の説明をしっかり受けるようにしてください。

相談の場に何を持参すればよいか

相談時に持参するものを箇条的にまとめておきます。①原稿の完成分、②原稿メモ、③交渉メモ、④見本本1冊（＊）となります。なお、原稿をデータ入力されておられる場合はその全プリントも必ず持参するようにしてください。②の原稿メモは、あなたの原稿内容について簡単なコメントを書いたもので、４００字程度のものでも構いません。応接した担当者がプリントの束を1枚1枚読んでいくことは大変なことです。その場に原稿に関するメモがあれば話の展開が早まります。③の交渉メモは、相談当日にあなたが業者さんから聞きたいことをまとめておくもの、④の見本本については、Q23の解説を参考にしてください。

相談の場に関係者を同席させることのメリット

知人・友人等がお一人でも同席していれば、非常に心強いものです。お二人で訪問されれば、口は2つ、目と耳は4つ。「聞いた・聞かない、言った・言わない」は話し合いには付き物ですが、できればそういうことは無くしたいと考えるのも人情です。この際、人に付き添ってもらうという負い目にも似た感情は、きっぱりと捨てられた方がいいでしょう。

＊経費のアタリが付けやすい見本本の提示

見本本を持参する意味は、原稿が未完成の場合に業者さんから経費のアタリ（目安）だけでも引き出しやすいこと、あなたが作りたいと考えている書籍体裁を理解してもらうことの2つです。

したがって、原稿がほぼ完成状態にあり、書籍体裁は業者さんに一任するということであれば、見本本の提示は必要ありません。

分からないことは分かるまで、しつこく聞いていくことが大切ですよ。

Q 19 割賦ローンはできないか？

Q 総額で200万円余の見積書が出ました。私としては一度に支払うのは難しいため、割賦ローンか分割払いで支払いたいと考えていますが、割賦ローンを組むことはできるのでしょうか。

A

ローンを組むことは難しく、2、3回の分割払いが一般的です。あなたにとって無理のない支払い計画を認めてくれる業者さんに仕事を依頼していかれるべきでしょう。

解説

あなたの支払い計画に沿って話を進めていく

確かに200万円という価格は、自動車が優に1台購入できる金額と言えるでしょう。そうだからといって、自費出版の製作を引き受ける出版社や印刷会社の中で、ローンによる割賦払いに途を拓いている会社はおそらく皆無に等しいものと考えます。また、業者さんの中には、契約書を取り交わした時点で「見積り金額の全額前納」を求める会社もあり、割賦ローンどころの話ではなくなってしまいます。要は、依頼者の方にとって無理のない支払い計画を立てることがまず重要で、その支払い計画案を認めてくれる会社と交渉していくしかありません。

なお、出版社によってはデータ入力等の外注作業費やデザイン・イラスト制作費用の支払いが、本が出来上がる前に発生する場合があるため、契約時点での内金払い（第1回目の支払い）が必要となることは考慮に入れておくことが必要です。いずれにしても、高額な費用を負担していくことになるわけですから、慎重に業者さんを選択していかれることが必要です。

見積り金額に応じた費用の分割払いが一般的

具体的には、費用の分割払いをしていくことになるのですが、多くは2回分割払い（契約書の調印時に費用の半額を支払い、完成本の納品時に費用の残額を精算する方法）が一般的と言えるでしょう。

しかし、作られる本によっては本問のように200万円を優に超えるケースもあるため、この場合は、契約書の調印時点で第1回目の支払い、最初に出されてくる初校ゲラの組み上がり時点で第2回目の支払い、そして本の完成時点で第3回目の支払い（精算）を実行する「全3回払い」の契約としておくことが最も合理的な支払い方法と言えるでしょう（＊）。さらに金額が大きくなるケースでは4～6回分割払いという具合に分割回数を増やしていくことになるのです。

支払いに関する規定は契約書の必須記載事項

契約書（覚書）には、必ず経費の支払方法や時期、回数についての取り決めが示されています（Q29およびQ30の解説を参照）。もし、あなたの考えている支払い計画と大きくかけ離れた支払条件を業者さんから提示された場合は、安易に契約書の調印をすべきではなく、あなたの支払い計画を業者さん側に認めてもらうまで、粘り強く交渉をしていかれるべきでしょう。なお、分割回数が多ければ多いほど銀行振込（あるいは郵便振替）の回数も増えることになります。そのたびごとに支払いの事実を示す書証類（控え等を含む。）が発生しますが、それらは必ず契約書の余白欄を使って時系列順に貼付・保管していくようにしてください。

これら書証類は、本の販売をされるような場合に、その売上利益に対して確定申告の必要が生じた際に必要となります。

＊制作段階で追加料金が発生した場合の支払い（精算）方

追加料金が発生した場合は、時を措かず、追加料金の具体的金額をお互いが認識し、契約書に定められている「最終見積り金額＝あなたが負担することとなる総支払額」の訂正を行い、加えて、本が出来上がってから支払う残額（精算時の額）に当該追加料金の額を追加した金額を訂正記入しておくことが必要です。

この訂正方法は分割払いを認める会社であれば、最終精算時に合算支払いしていくことができますが、全額前納を求める会社の場合はできません。この処理方をどうするかは双方の話し合いによって取り決めていくしかありません。

分割払いをしていく区切りは、初回を除き仕事の達成時点で決まります。

Q20 図書コード番号とは？

Q 自費出版を引き受けてくれる会社であれば必ず図書コード番号を付けてもらえるのでしょうか。私は本を書店に並べて販売したいと考えています。

A

出版者登録をしている一般の出版社等であれば、図書コード番号と書籍バーコードを付けることができます。ただし、販売対応していただけるかどうかは別の話となります。

解説

図書コード番号はその本の「出版出自」を番号化したもの

本のカバー裏を見ればお分かりの通り、書店で販売されている本には13桁の番号が付けられています。これは一般に、図書コード番号（ＩＳＢＮ記号・番号）と呼ばれるもので、正式には「国際標準図書番号」と言います（＊）。この番号はわずかな例外国を除いて世界中で通用するものです。番号の意味は、あなたの本の「出版出自を番号化したもの」と理解してください。日本図書コード管理センターへ出版者登録をされた会社（あるいは個人）であれば、同センターから賦与されている図書コード番号を発行順に付けていくことができます。（なお、自費出版物の製作を扱う印刷会社や新聞社内の出版部門等であっても、出版社登録をされていればもちろん図書コード番号を付けていくことができます。）

書店レジの省力化に貢献する書籍ＪＡＮコード

図書コード番号が13桁番号制度になったのは、二〇〇七年一月一日以降に刊行

＊ＩＳＢＮコード番号の由来
この番号体系は、一九六七年頃からイギリスで使われていたものを原型として、欧米の主要国が国際的に適用できるように改良したものです。一九七一年には国際標準化機構規格ＩＳＯ２１０８となり、こんにちではわずかな例外を除いて世界中の国が加盟し、その普及によって、書籍の流通には欠くことのできないものとなっています。

〔出典〕
日本図書コード管理センター「日本図書コード実施の手引き」（一九九一年十月）の文章を要約したものです。

された新刊発行書籍からで、それまでは番号のトップに付いている「978」という3桁の数字のない10桁番号制度が長く続いてきました（＊）。そして、この番号表記と対をなす形で、書籍JANコード（バーコード）が印刷されていますが、これは出版者が流通システム開発センターに申請して使用を許可され、かつ、3年に一度の更新費用を支払った会社のみ表示することができます。このバーコードの内容を瞬時に読み取ることで、書店レジでの省力化に貢献しているのです。

なお、本の販売を全く考えない「非売品扱いの本」であっても、依頼者の方が図書コード番号付けを希望される場合は、本の内容に問題が無いものであれば付けていくことはできます（＊）。（この措置は、あくまでも本を制作した出版社等によっても判断が異なりますので、ご注意ください。）

出版未経験者でも申請さえすれば出版社を設立できる

図書コード番号は、一般社団法人日本図書コード管理センターへ申請した出版社設立希望者に賦与されるもので、設立に関する資格要件は一切なく、出版社勤務の経験がない方であっても、日本国内に居住し、登録手数料さえ支払えば出版者記号・番号を取得することができ、出版社を設立していくことができるのです。

出版者記号・番号の桁数（6桁と7桁）は年間発行点数によって区分され、桁数の大きいものほど年間出版点数が少ないことを示しています。ちなみに、7桁の出版者登録申請手続に要する手数料は2万円＋消費税額（賦与コード数は10点で、追加10点ごとに1・8万円が必要）です。また、6桁の手数料は3・7万円で賦与コード数は100点です（＊）。なお、書籍JANコードの使用料は1万円＋消費税額で、3年ごとに契約更新されます。（数字は平成30年4月1日現在）

＊図書コード番号の意味

それぞれの番号のもつ意味を記しておきます。

ISBN978-4-000000-00-0 c0000

978-4 ……日本国の出版物
000000 …出版社記号
00-0 ………○番目の出版物
c …………分類コードの略
0 …………販売対象
0 …………発行形態
00…………発行分野（※）

C分類番号の最後の2桁は書籍のジャンルを示すもので、この指定を誤ると図書館での収蔵管理に支障を来します。慎重に付けるようにしてください。

＊新規設立の場合は「6桁」か「7桁」しか選べない

上記の解説にもある通り、7桁で申請し、出版点数が10点を超えればその都度追加の経費がかかるため、10点を大幅に超える可能性がある場合は「7桁＝100点」で申請しておく方が経済的です。（日本図書コード管理センターへ問い合わせ済み）

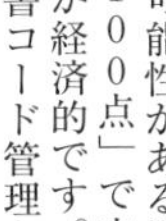

図書コード番号は、1つの書籍に1つ付けます。使い回しはできません。

Q21 個人編集本と図書コード番号

Q 完全データ化した原稿を出版社に持参し、印刷と製本を依頼したのですが、図書コード番号は付けられないと断られました。どうして付けてもらえないのでしょうか？

A

図書コード番号が付けられない理由は、その出版社が編集した本ではないからです。コードを付けて販売されたい場合は、販売元出版社と新たに契約しなければなりません。

解説

図書コード番号は、発行元出版社の発行・編集責任も表示している

書籍を書店等で販売するためには、必ず図書コード番号と書籍ＪＡＮコードの2つの表示が付いていなければなりません。これは、書店レジでの省力化に貢献すると同時に、その本がどの出版社等の責任において作られてきたものであるかを、出版者記号・番号を付けることによって表象しているからに他なりません。

自費出版の費用をできる限り抑えようとして、印刷に適するデータをご自身で作成されることは大いに結構なことですが、出版社等が独自に持っている図書コード番号を借用して本を書店販売しようと考えるのはかなり虫が良すぎる話ではないでしょうか。一方、本の内容に問題はなくとも、編集上の問題は残ります。出版社には出版社なりの企画・編集方針があり、また版面設計上の細かい決め事も各社それぞれに持っています。したがって、結果として出版社の責任において編集制作された本でない限り、当該出版社の図書コード番号（＝出版者記号・番号）を付けていくことはできないということになるのです。

パソコンやプリンター・スキャナーなどの周辺機器が一般の家庭にも普及し、おそらく今後も「個人が編集された本」は陸続と作られていくことでしょう。しかし、前述の理由からお分かりのように、その本に出版社名は使えないのです。

販売元出版社（＊）と契約してコード番号を付けてもらうことの困難さ

もし、本の販売を考えるのであれば、本の販売だけを引き受ける出版社（＝販売元出版社）にご相談され、その会社と契約を結ばれることで図書コード番号を付けてもらう以外に方法はありません。しかし、販売元出版社と契約する場合は制作元出版社が間に立つことが条件となるため、特定の個人が販売元出版社と直接交渉して契約を締結することは難しく、また、出版社に製作を依頼していく上でのコスト増を考えれば、どちらの方策も経済的にみて理にかなっている方法とは言えません。おそらくどちらも「痛し痒し」の結果に終わることでしょう。

名板貸しをすれば名板貸し人としての責任も出版社に問われる

出版社等の中には、自社で編集したものでなくても自社名や図書コード番号を付けて「代理販売」していくケースもあるやに聞いております。これはまさしく、本解説の逆を行くものであり、正当な出版行為とみなすことは到底できません。このケースでは、出版社等の名前を貸すだけの「名板貸し行為」と見なされるため（商法14条・旧商法23条）、内容において重大な問題のあることが発覚すれば当然のこととして「名板貸し人としての責任」がその出版社に問われてくることになります。販売手数料という名の小果実を得るためだけとは言え、賢明かつ堅実な出版社等であれば、厳に自粛されるべき行為と言わなければなりません（＊）。

＊販売元出版社との契約
販売元出版社は自社で本の出版をすることはなく、本の委託販売を専門的に引き受ける会社です。詳しくは、Q44の解説を参考にしてください。

＊書籍のネット購入に混乱を来す事態も想定できる
インターネットを通して書籍の注文をする購読者の大半は、著者名・書名・出版社名・カバー図案・価格のみを見て購入を判断するものです。届けられた本の編集体裁の酷さに唖然とするような「作り」がなされていることが分かれば、即返品ということにもなりかねないのです。

個人編集の本で非売品とする場合は、まず印刷会社さんにご相談ください。

Q22 出版を引き受けられない原稿

Q 原稿を出版社に持参したところ、「本にすることはできない」と断られました。お金は出すからと言っても首を縦に振ってくれません。どうして出版してもらえないのしょうか。

A 

おそらくあなたが書かれた原稿の内容に問題があるからです。残念ですが、どんな内容の原稿でも「お金さえ出せば本になる」という考え方は通らないのです。

解説

原稿内容に問題があれば出版の引き受けはできない

自費出版のお話を持ちかけられる方の中には、お金さえ出せばどんな内容の原稿でも本にしてもらえるものと勘違いしている方もおられます。しかし、この考え方だけは即刻捨てていただきたいものです。本のテーマや原稿内容において、自費出版した後になって、問題の起こることが分かっているような原稿を快く本にしていく出版社は、まずないからです。

業者さんの中には、出版社や印刷会社の名前を出さないことを条件に自費出版の仕事を引き受けられる会社もあるやに聞いておりますが、発行所・印刷元不明の本を出版しても社会的影響力はゼロに等しいし、図書館等の公共機関への寄贈もまず難しいでしょう。万一受け入れられたとしても、内容において問題があることが分かれば、おそらく短期間で廃棄処分かリサイクルに回されてしまうのが関の山です。出版社等が間違って紙の本を作ってしまえば、気の遠くなるような何世紀ものあいだ、残り続けてしまうことにもなるのです。

出版を引き受けられない原稿とは

出版社が自費出版の引き受けに難色を示す原稿の代表格は、①個人（故人を含む。）及び団体の名誉を著しく毀損する記述がある原稿、②日本語の持つ美しさを損ね、かつ、差別を助長するかのような用語・文章表現が多数使われている原稿、③原出典明記が確実にされておらず、かつ、転載許諾事務手続を行っていないことが推認できる「科学関連書」の類です。とりわけ③については、巨大な自然災害の発災によって既に多くの方々が尊い生命財産をなくされており、そのご遺族の思いを慮れば到底見過ごすことのできない原稿であると言わざるを得ません。

これらの原稿を執筆したご本人は、ご自身が社会的批判の的となること、内容によっては損害賠償請求されることを承知の上で原稿を書いておられるのかも知れませんが、一方の、自費出版を引き受ける出版社等にまでその累が及ぶということは全く考えておられないのです（＊）。

無断転載・無断引用と研究データの恣意的改変

③の事例でいえば、無断引用・無断転載は言うに及ばず、中には、ご自身の原稿内容に合わせるかのように原典図版データの恣意的改変を行っているケースも実際にあるのです。この場合、無断転載や恣意的改変をされた研究者の方々はどう思われるでしょうか。そして、内容において問題の多々ある原稿を、たとえ出版のかたちが自費出版であるとはいうものの、出版してしまった出版社等をどう思われるでしょうか。お金さえ出せば何でもできるということにはならないことを、本を出そうとされる人は真剣に考えていただきたいものです。なかんずく、本の販売希望を持たれることなど、全くもって筋違いな話というべきです。

＊内容に問題がある本を出版・販売してしまった場合

現に生存する方あるいは故人の名誉を著しく毀損する記述がある本を出版してしまった場合、その本人あるいは遺族・関係者から損害賠償請求の訴が起こされます。

訴が認められた場合は、著作者および出版社に対して、①損害賠償金の支払い、②中央紙への謝罪広告の掲載、③書店市場からの回収命令などが出されることになります。

ご自身が「無断引用・無断転載される立場」になって考えてみてください。

Q23 未完成原稿の見積り依頼

Q 出版社に見積りを依頼したところ、「原稿が揃っていなければ見積りは出せない」と言われました。アバウトな金額だけでも出してもらうことはできないのでしょうか。

A 

原稿が揃っていることが理想ですが、一部未完成の場合であれば、あなたが作りたいと考えている本とよく似た体裁の本を見本本として提示されることをお勧めします。

解説

自費出版計画と費用の認識

アバウトな金額だけでも知りたいというあなたの考え方は決して間違ってはいません。例えば、１００万円くらいの予算を考えていて、結局のところ、業者さんから２００万円近い見積書を出されてしまえば、あなたの自費出版計画を前に進めるどころか断念しなければいけなくなるかもしれません。したがって、自費出版計画の段階からおおよその費用の認識を持っていることは非常に意味のあることなのです。しかし、業者さんから見積書を出してもらおうとするならば、まず大方の原稿が出来上がっていて、これから作ろうとされる本の形が見えてくるほどに完成していることが必要なのです。つまり、「本の形が見えてこない」ということは、正確な経費見積りをすることも「程遠い」という判断に落ち着くのです。

業者さんとすれば、依頼者の方が書かれた原稿に基づいて本の「総ページ数」をまず割り出し、この数値を各経費費目に充てることでより正確な金額を提示していこうと考えるため、その前提となる原稿が揃っていなければ正確な見積り金額の計算ができず、正式な見積書も出せないことになるわけです。

未完成原稿を前にして、仮に、おおよその見積り金額を提示する会社があったとしても、その見積り金額には何の意味もありません。したがって、契約に先立って示される正式な見積書こそ、あなたの自費出版にとって重要かつ不可欠な検討書類となるのです。

見本本を提示することで価格のアタリだけでも掴んでおく

原稿が揃っていない段階での見積り依頼では、あなたがこれから作りたいと考えている本とほぼ同じ書籍体裁の本（本の大きさ、総ページ数、使用用紙の種類や製本形式などがほぼ同じもの）を製作上の見本本として提示してみられたらいかがでしょうか。ただし、見本として出される本は「1冊」とされるべきです。他に持参したい本があっても、それらはあなたがこれから作ろうとする本の「用紙見本の参考程度のもの」として考えておくべきでしょう。特に見積り参考のための見本本では、用紙の種類や製本形式などが全て特定されていますので、その本の用紙（資材等）を業者さんが見積り解剖することによって、より現実に近い費用の見積り金額を出していくことが可能となります。しかし、この段階で出されてくる金額は、概算見積り金額よりさらに信憑度が低い「仮想見積り金額」であることを忘れてはなりません。

この「見本本を利用した見積り依頼」であっても、原稿の完成度が80％近くにまで達していなければなりません。金額を知りたいというお気持ちも分かりますが、原稿を少しでも完成に近づけていく努力を続けていただきたいものです。

焦る気持ちも分かりますが、しっかり原稿を完成させてからご相談下さい。

Q24 原稿一時預かりへの対処法

Q 出版社に原稿を持参して見積り依頼をしたところ、担当者から「原稿を4、5日くらい預からせてほしい」と言われました。この場合、私はどのように対処したらいいのでしょうか。

A

「原稿預かり証」を必ず受け取ってください。後日提示された見積り金額に同意され、本格的に仕事を依頼していく場合は預かり証を破棄し、契約書の調印へと進んでください。

解説

原稿一時預かりはどうして必要になるか

原稿のコピーを取るにも時間や経費がかかります。依頼者の方の中には、あえてコピーを取られずに原本のまま持ち歩かれ、見積り依頼をされていかれる方もおられることでしょう。また、原稿の原本であれコピーであれ、この世に二つとないあなたの財産であることに変わりはありません。

一方の制作業者さんからすれば、短い交渉時間内に原稿の全てを把握し、細部にわたる見積り計算をしていくことはまず不可能なことと言ってもいいでしょう。より精緻な計算をするためには、いったん原稿や資料をお預かりして、最初に本の総ページ数を割り出し、文字関係および画像関係の経費明細を正確に把握した上で見積り金額の総額を決定していくことになるのです（＊）。

原稿の一時預かりまでして、より正確な見積書を調製していこうとする業者さんに行き当たったあなたは幸運な方です。原稿を見てもらう・読んでもらうということは、あなたの原稿の内容や書き方について何らかの意見をいただくことも

＊原稿内容と個人情報の保護

原稿の一時預かりに躊躇の念を覚えられるのは、①原稿や資料（写真等）の散逸、②原稿の他所での複製利用（個人情報の流出）を怖れるからです。

とりわけ②の情報流出については、未だに企画出版への希望が捨て切れない方の場合に顕著で、ネットでの原稿添付も「目次と第一章分のみ」という限定的な開示にとどめる方が殆どです。

出版社を来訪して相談をされる場合、この問題は、担当者の対応方をみて判断していくしかありません。

期待できるからです。したがって、たとえ出されてきた見積り金額があなたの考えていた予算に合わず、お断りになることになっても、原稿解剖から見積り金額の計算まで行った業者さんに対しては感謝の気持ちをしっかり伝えてください。

原稿の散逸を防ぐことが一番重要

原稿等を預けられる際の注意事項を書いておきます。まず第一に、原稿プリントの前後関係をはっきりさせておくために、必ず1枚1枚の用紙にナンバーリング（＝ページ数）を振っておくことです（もちろん、手書き入れでも構いません）。こうしておけば、見積り担当者がページの前後関係を変えてしまっても、元に復すことができます。原稿等がバラバラの状態では散逸の恐れがあるため、できればリングファイル形式のバインダーに綴っておくことをお勧めします（＊）。

原稿預かり証の受領と原稿戻り後の確認

第二に、これらの原稿類（文字原稿＋写真など）を制作業者サイドで一時的に借り受けたことを証する書面（書面もメモ程度のもので結構ですが、さらに簡略化するためには、担当者の方の名刺の余白にその旨を書き込んでもらうことで預かり証に代えてもいいでしょう。ただし、どちらの場合でも当日の日付を入れておくことが必須です。

最後の三番目は、原稿返却後の確認をしっかりとしておくことです。業者さんから出された見積書の金額にあなたが同意され、その会社に自費出版の仕事を依頼していかれる場合は、お手元にある預かり証を破棄され、具体的な契約のお話に進んでいかれればよろしいでしょう。

＊原稿複写の要領について

原稿整理の要領については、前出Q1のト書き解説を参考にしてください。

原稿のコピーを取られる時は、時間がかかり面倒ですが、1枚ずつ丹念にコピーを取っていくようにしてください。連続複写の場合は、2枚一度に送ってしまう危険性無しとしません。

コピーが終われば必ずページ番号が通っているかの確認をしてください。

仕事を依頼するしないにもよりますが、原稿コメントはいただくように！

Q 25 電子データの持込み

Q 文字も写真も全てデータ入力しました。業者さんに見積りをお願いする場合は、全てのプリントと一緒にこれらのデータも全部持参した方がいいのでしょうか。

A

作成された電子データはＣＤあるいはＵＳＢメモリに収録してご持参ください。本文以外のデータがある場合はそれぞれファイル分けして持参するようにしてください。

解説

電子データの持込みは一般化した現象である

ここ20年くらいの間に、パソコンで入力した電子データを業者さんに持ち込まれ、自費出版の見積り依頼をされる方の数も増えてきました。自費出版価格を少しでも安価なものにしよう、本の制作に自ら積極的に参加しようという気持ちの表われがこの動きをさらに加速させ後押ししているようにも思われます。

一般家庭にまでパソコン・スキャナー・プリンターなどのＯＡ機器が普及し、依頼者ご自身で原稿そのものを電子データ化できる環境が整っている現状において、こういったデータの持込みを製作業者サイドとしても特別な仕事として受け止めるのではなくて、製作期間の短縮化、売掛債権（と言っても、書籍そのものは完成しているわけではありませんが）の早期回収につながるプラスの動きとして前向きに捉えていくべきなのです。

したがって、依頼者ご自身が作られた電子データの存在を積極的に受け止めようとせず、かえって煙たい存在であるかのような扱いをされる業者さんがいるとすれば、そのような業者さんとは契約をせず、依頼者がされた仕事を積極的に利用していこうとする業者さんを探されて交渉していけばいいのです。

データ持込みの際の注意事項

　持ち込まれる電子データにはさまざまなものがあります。本文の文字原稿は言うに及ばず、本文内挿入画像（写真・図版類）、巻頭口絵に入る素材画像（通常は、写真類が中心となる）、本文内挿入イラスト、カバー構想図案の素材画像一式のデータなどをご自身で作られた時は、それぞれファイル分けした形でディスクに収録しておいてください（＊）。

　このうち、本文内に入る写真・図版類に説明文（キャプションと言います。）が付く場合は、これらのキャプション・データも本文の文字データとは別に作っておくことが必要です。（この際、写真・図版ごとに番号を振り、それぞれのキャプションを置いたものが別プリントされていれば、「置き間違い」も起こりません。なお、写真裏に直接番号等を書き込むことに抵抗のある方は、やや大きめの付箋にメモ書きし、メンディングテープで止めておいてください。）

　比較的大きな問題は、「カバー図案」の背幅（最終的には、本の厚みとなります。）をどうするか、です。この背幅は、本の総ページ数と本文使用用紙の確定によって決まってくるため、原稿出しの段階ではアバウトな数値を当てておくか、全く無視して表（おもて）表紙のみの図案を作製しておけばいいでしょう。

　いずれにしても、各種データ類を業者さんへの持込みとする場合は、作成データとプリントを業者さんに対して全て開示し説明することです。この開示で問題となりやすい「データオペーク」については、次の設問で詳しく説明します。

画像データの解像度が不足している場合は、印画紙をお付けください。

Q26 データオペークの依頼

Q　私が作成した図版データもプリントで出し、修正についての希望も話しました。本の完成後、その修正費用として12万円が追加料金として出されてきたので困っています。

A

上記のケースでは、あなたは追加料金を支払う必要は全くありません。追加料金とは、当初の原稿になかったことについて作業が発生した場合にのみ出されるものだからです。

解説

未完成状態の電子データの取扱い

実はこの問題は、データ持込みで自費出版しようと考えている依頼者が、見積り相談時に特に気をつけなければならない重要なことを教えているのです。相手方の出版社が知りたいこと、それは原稿の状態であり、さらにあなたの場合であれば「未完成データ」の取扱いをどうして欲しいか、についてです。つまり、見積り相談の段階でデータやプリントまで開示され、相手方の業者さんに修正希望を伝えているのであれば、ここで出されたデータオペークの費用は正規の料金の一部ということになり、追加料金が問題になる性格の経費とはなりません（＊）。

データオペークは正規の料金の一部である

仕事を請け負われる出版社としては、そのデータをどうしてもらいたいのかという希望・要望をあなたから聞き取ることがまず必要になります。ここで初めてお互いに「経費の認識」が生まれてくるのです。しかも、この経費は見積り相談

＊写真のトリミングはご自身で行った方がいい

ここでは、よく問題になる「写真のトリミング」について書いておきます。

写真には依頼者しか知り得ない価値がたくさん含まれている反面、不必要な部分もかなり含まれています。写真をトリミングするということは、この不要な部分を取り除き、本として残す部分を確定することを意味します。

制作担当者の常識的判断に任せる人も多くいますが、画像データを作る力があれば、ご自身で確実にトリミングをされることをお勧めします。

時に依頼者の希望として出された、編集作業に伴う正規の料金の一部となるものであって、決して「追加料金」が問題になる性格の経費ではありません。この認識を依頼者であるあなたはしっかり押さえておく必要があります。

　そして、積算結果として出されてきた見積書が「編集費用＋印刷諸費用＝見積り総額」とされているのであれば、依頼者としては、相談時にプリントまで提示しながら、作成したデータの詳細な説明と訂正希望を伝えていることを踏まえれば、この見積り総額の中に、先のデータ加工費用（＝オペーク費用）も含まれているものと認識していくのは当然の成り行きです。

データオペーク費用は編集料の二次的な費用となる

　後日出された追加料金の額が、十数万円ほどの高額な経費になるのであれば、業者さんとしては尚更のこと、当初提示した見積り書面上でしっかりとそれらの金額を明示し、依頼者の方に説明をし、納得をしていただく必要があったのです。通常の対応であれば、データ加工（オペーク）に関する費用は、編集料の二次的な費用＝編集加工料という性格をもっていますので、業者さんとしては見積書を提示した時点で、同経費を通常の編集料と分けて金額を特定しておくべきであったと考えます。一方、依頼者であるあなたがもしデータ等の開示を怠り、制作の段階で新たな仕事として依頼していくようなことがあれば、これは当然「追加料金」が発生する仕事と認識されてしまうことになるのです。

　データオペークに限らず、図版の再トレース（＊）を依頼される場合も細心の注意が必要です。複雑なトレースになればなるほどデータ作成費用も嵩み、枚数が数十枚に及ぶ場合はかなりの金額になるからです。

＊再トレース作業の問題点
トレースでは、図そのものが問題にされがちですが、実は、図内文字（フォント）の種類や大きさ、そこで使われている罫線幅が統一されているかどうかに注目しなければなりません。

全ての図がある一定期間内に描かれたものであれば、図内文字や罫線幅がほぼ統一された形で入っていることはあるのですが、それらが何十年間にわたって作られてきたものであれば、まず統一されていないものと考えておく必要があります。

本を一冊にまとめるということは、これらの素材に「一定性・統一性」を持たせ、より読みやすく分かりやすいものにしていくことに他なりません。

編集料の二次的費用の多くは、図版の再トレースと写真等加工の2つです。

Q27 上手な相見積りの取り方

Q 出版社2社と私の知人が経営している印刷会社さんに自費出版の見積りを依頼するつもりですが、私はどのように動けばいいのでしょうか。

A 
数社から相見積りを取られる場合は、作りたい本の出版条件を同一にして見積書を取ることが必要です。その際、あなたの武器となるのが「自費出版条件明細書」です。

解説

同じ競争線上に立ってもらうことが必要

自費出版の見積書を取られる場合、「この原稿を本にして300部くらい作ったら、どれくらいの経費がかかりますか?」といった感じで話を切り出されるのではないでしょうか。しかし、この会話のみで数社から見積書を取られても何の意味もありません。見積書を取って各社の金額を比較検討する場合は、見積りを出してもらう会社に全く同じ競争線上に立ってもらうことが必要となるからです。

「自費出版条件明細書」が最大の武器となる

「同じ競争線上に立ってもらう」ということは、同一の出版条件のもとで各社に見積り価格を出してもらうことに他なりません。要するに、①本の判型、②概算の総ページ数、③印刷形式、④製本形式、⑤使用用紙の種類と斤量（紙の重さを意味しますが、実際には「紙の厚み」を指して使われます）、⑥出版部数などを全て特定して、各社から見積書を出してもらうのです。したがって、これらの条

＊見積書を構成する費用
作られる本の仕様によっても経費の細目は違ってきますが、次に箇条的にあげる費目が基本的な費目と理解されてもいいでしょう。

（編集費用等）
①編集料
②装丁料（デザイン費）
③加工料（図版・写真）
④編集事務・通信費

（印刷関連費用）
①印刷代
②用紙代
③製本代
④印刷営業費

（その他の費用―梱包運賃）

件のうち幾つかが違う値であったり、一部不明な箇所があったりした場合には、複数の会社から見積りを取られても正確な見積り金額の比較をすることはできません。上記の方法が、何社もの会社から相見積りを取る上で最も効果的な方法であり、ここで使われる書面のことを「自費出版条件明細書」と言います。

正確な自費出版条件明細書を作製するためには

初めて自費出版される方が自費出版条件明細書を正確に作製することはおそらく困難でしょう。そこでまず、お知り合いの印刷会社の方に相談をされて、「あなたの本の出版条件」（＊）を箇条書きにした書面を作っていただくのが最もよい方法でしょう。本書巻末には、「附録①自費出版条件明細書とその作成例」が付けてありますが、これでは余りにも細かすぎると思われた方は、前述した①～⑥の必須条件だけでも正確に書いて提示されても構いません。しかし、⑤の各使用用紙の明細については、附録①の書き方例に倣ってください。

最初に依頼した業者さんに明細書の作製方をお願いするのも一考

こういった事情に通じた方がお近くにいない場合は、見積り依頼を快く引き受けてくれた会社の担当者（Q24において、原稿の一時預かりまでされて見積書を調製した会社の担当者など）にあなたの出版条件（希望等）を話し、上記明細書の作製方をお願いしてみてください。相見積りの意味は業者さんもしっかり分かっていますので、価格での競争を意識されれば気乗りしない態度を示される場合も考えられますが、競争に勝てる自信のある業者さんであれば快く引き受けてくれることでしょう。そこに期待するのです。

＊忘れがちな出版条件

どうしても見積りの話になると、本の中身＝本文に目が行きやすくなるものですが、本文と同じくらいに重要な「付き物」についての特定もしっかり書いておくことが必要です。

①カバーの色数
②帯の色数
③カバー・帯のＰＰの有無
④本扉の色数（本文と別紙）
※本扉を本文共紙とする場合はその旨を明示する。
※その他の付き物がある場合は列記しておく。
※ＰＰについてはＱ28のト書きを参照してください。

口で話されたり簡単なメモ程度のものを使えば、必ず間違いが起こります。

Q28 電話・メール添付による見積り依頼

Q 出版社や印刷会社に知り合いもなく、自費出版の見積りのことで困っています。電話やメールで見積りを依頼することはできるのでしょうか。

A

電話での見積り依頼はまず無理な相談とお考えください。メール添付での見積り依頼は事前に出版社等に連絡を入れ、メール添付での見積りを認めるかを確かめてください。

解説

電話での相談（見積り依頼）にも限界がある

自費出版の見積りはかなり複雑で、電話一本で料金が決められるほど単純なものではありません。原稿内容を確認したり、あなたから様々な出版条件を聴き取ることで、細部にわたる経費計算をしていかなければなりません。その積算結果として見積り金額の総額が出されてくることをまず知っておいてください。

作られる本の内容にもよりますが、見積り金額を計算するために必要となる基本的な出版条件は約10項目（＊）ほどあります。用紙の明細などに関する細かな数値を計算しようとすれば、さらに10項目近くの条件を聴取することが必要になるのです。もうお分かりのように、これらの条件項目の全てを電話一本で話され、相手の業者さんに理解してもらうことはまず不可能ですし、中にはかなり専門性を帯びた項目も出てきますから、あなたが返答に窮してしまう場面も出てくるでしょう。電話の相手先が印刷会社であれ出版社であれ、電話での見積り依頼に快く応じてくれる会社はまず無いものと考えておいた方がいいでしょう。

＊出版社等が見積りをする上で知っておきたい情報

①判型（本のサイズ）
②総ページ数
③発行部数
④印刷形式
⑤製本形式
⑥本文の刷り色
⑦本文用紙の種類
⑧カバー・帯の有無
⑨カバー等のPPの有無
※左ページの解説を参照
⑩口絵の有無
⑪写真等の有無と点数
⑫原稿状態
（手書きかデータか？）

原稿のメール添付まで求める会社は少ない

インターネットで各社のホームページを見ればお分かりのように、各社の「見積り依頼」の対応方はそれぞれに異なっています。最もポピュラーな形式は、「見積り依頼フォーマット」に記入させる方法です。多いものでも20項目程度の聞き取りを行っています。しかし、出版条件項目の聴き取りまでは行っても、実際の原稿のメール添付まで求めている業者さんは殆どありません。おそらく、原稿のメール添付まで求めてしまえば、依頼者にかなりの強制観念が働いてしまうため、原稿のメール添付を求めることに消極的になっているのでしょう。

原稿のメール添付は「任意」にすればよい

電話による見積り依頼と比較すればはるかに具体性のある方法ですが、メールを送った相手会社が認めていない場合は、残念ながら「空振り」となります。そうならないためにも、事前に相手会社へ問い合わせのメールを送り、原稿のメール添付での見積り依頼を認めるかどうかの確認を取っておくことが必要です。

しかし、よくよく考えてみると、原稿のメール添付まで行い、より精緻な見積り金額を知ろうとする「契約濃厚な依頼者」をミスミス逃していることにもなるのです。全原稿の添付に抵抗が出るのであれば、あくまでも「任意」という条件付きで、原稿のメール添付くらいは認めていかれてはいかがでしょうか。

依頼者にとって見積りを取ろうとする業者さんが遠距離地にある場合は、会社訪問することも決して楽なことではありません。この問題は、地方におられる方で近くに依頼したい業者さんが少ない場合にはかなり深刻な問題です。

インターネット取引の普及はこのような理由にも支えられているのです。

＊製本加工の「ＰＰ」とは？

本のカバーや帯の表面には特殊なビニールが塗布されています。これを通常、ＰＰ（Permanent Press）加工がしてある、と言います。こういった加工を施すことによって、カバーや帯に擦過傷ができることを防御しているのです。

このＰＰには、テカリ＝鮮やかさを強調するグロスＰＰと、それとは反対に色の強さを抑え落ち着いた感じに見せるマットＰＰの２種類があります。コンピュータ関係のサプライ商品売り場にはグロスとマット仕様の用紙がありますので手に取って比較してみてください。

当然、このＰＰ加工を施すことには経費が付いてきますが、本を長持ちさせようとお考えの方や、本の販売を視野に入れておられる方はぜひ付けられた方がいいでしょう。作られる本の大きさや発行部数にもよりますが、通常は数万円程度で賄うことができます。

遠距離であれば電話代も大変です。自粛された方が賢明でしょう。

Q29 契約書はなぜ必要か

Q 見積りの金額も私の考えていた予算内だったので、その会社に仕事を依頼することにしました。ただ、契約書を作ってもらえないのです。契約書がなくても大丈夫なのでしょうか。

A

契約書（覚書）は必ず調製してもらうべきです。最終見積り金額を法的に確定させておくためにも、契約書の調製は相手方の業者さんにとっても欠くことのできない書面です。

解説

自費出版トラブルを起こさないために

口約束ほど怖いものはありません。自費出版の契約交渉を進める上で、このことは十二分に心に留めておかれるべきでしょう。2、3回の会社・人間観察だけで一方的に相手方の業者さんを信頼して事に当たると、後々取り返しのつかない事態を招くことにもなりかねません。たとえ契約書があっても、契約書に書かれていない不測の事態が起こり得ることもしっかり認識しておく必要があるのです。

自費出版物製作についての請負契約

本を作っていく過程で事故が起きてしまえば、そこには譬えようもない空気が漂い、大事な本の制作には全く無意味な空白期間を作ってしまうことにもなります。

通常の商業出版では、出版社の調製する出版契約書が著作者と出版社との間に存在する権利義務関係について詳しく規定しているのに対して、自費出版の契約

＊契約書（覚書）の作成例

自費出版請負契約書（覚書）の作成例は、小著『これからの自費出版〈虎の巻〉』第５章（１１７頁・１１６頁・１１８頁にその案文、１１５頁には作成上のコメントが付けてあります。）に掲載してありますので、参考にしてください。

この契約書（覚書）に最終見積り金額を特定した見積書を添付することで、契約書式は完成することになります。

なお、「追加料金に関する覚書（案）」も同書１１８頁に掲載してあります。

書は、自費出版物製作についての請負契約（編集役務の提供と確定した出版条件項目の実現等）の内容を条文化したものになっています（＊）。契約書の条文がどのように構成されているかについては、Q30で詳しく要点解説します。

契約書が存在しないことの不利益

万が一にも、金銭にまつわるトラブルが発生した場合、契約書（覚書）が存在しないことの不利益は自費出版依頼者の方にもたらされることは言うまでもありません。たとえ交渉事の細部にわたる事項をメモや手帳等（＊）に残されていても、業者さんがその事実を認めなければ全く意味をなさないからです。そして、契約後に発生が予想される最重要の経済問題は「追加料金」です。どの契約書にもこの追加料金の規定が必ず置かれており（＊）、追加作業に入る前に業者さん側からの事前告知（金額の特定）があり、それを依頼者が承認するという手順を踏むことが必要で、契約書の存在はそれを保証するものとなるです。

高額な取引価格に見合った慎重な対応が必要

取引に欠かせない契約書（覚書）を積極的に調製しようとしない業者さんの側にももちろん問題はありますが、1件当たりの取引価格が50万円前後から数百万円にものぼる取引をすることになる自費出版依頼者の方々が、契約に欠くことのできない書面が存在しないことについて一向に疑問視されないことの方が大きな問題ではないでしょうか。契約書の調印は自費出版取引の起点であり、最も重要な法律行為であると言えます。

＊追加料金に関する契約条項
依頼者が出した追加作業に追加料金が発生する場合は、「業者さん側（乙）に追加費用金額の事前告知」を義務づける規定を置いておかれれば、無用なトラブルはかなり回避できます。

＊自費出版交渉日誌の活用
自費出版の相談交渉では日頃耳にしないような用語や細かい数値が出てきます。それらをメモや手帳に書いていても、散逸のおそれがあり、情報の集約という点では心もとないものです。
時系列での情報集約という点では、「自費出版交渉日誌」を丹念に付けられることが有効です。そこには、日時・会社名・担当者名のほか、話された内容についてしっかり書いておいてください。仮にメールの場合には、業者さんからの受信メールにフラグを付けるなどして、時系列に管理していくことをお勧めします。

契約書がないことは論外ですが、問題は「その内容」です。

Q30 2つの期限と2つの数値

Q 契約書を作ってもらったのですが、そこには私が支払う金額と支払条件しか書かれていません。こんな簡単な書面でも契約書と言えるのでしょうか。

A

契約書としては不十分です。両者の行き違いから意見の相違が起き、それが自費出版トラブルに発展してしまえば後の祭りです。署名・捺印は控えられたほうがいいでしょう。

解説

契約書は、両者の間に存在する権利義務関係を規定しておくものである

契約書（覚書）といいますと、何か理屈っぽくて頭が痛くなりそうな書面を思い浮かべる方もおられるかも知れません。しかし、何も難しく考える必要はありません。契約書とは、仕事を依頼していくあなたと仕事を請け負うことになる業者さんとの間に存在するいくつかの「権利義務関係」を条文化したものに他ならないからです。

契約書の構成は「3本の柱」から成立している

自費出版契約における権利義務関係は、2つの大きな柱と、それらを支える役目を果たす「3本目の柱」から構成されていると考えれば理解が早まります。すなわち、2つの大きな柱とは、その1つ目が「①原稿引渡し期日と、②完成本の納品予定期日」であり、2つ目の柱は「③最終見積り金額の確定と、④支払方法」ということになります。（左下図を参照）

この関係を丸付き数字を使って言い換えれば、①と④は自費出版依頼者を拘束するもの、②と③は仕事を請け負うことになる業者さんを拘束するものとなるのです。

そして、最後の3本目の柱は「協議条項規定」と呼ばれるもので、上記2本の柱で構成される契約内容等を円滑に履行していくために欠かせない潤滑油のような役割を担った規定です。この規定は契約書（覚書）末尾の条文として必ず付けておくものです。つまり、いったん事が起こった時にはこの条文を拠り所としてお互いが真摯な話し合いをしていくことになるのです。

最終見積り金額の確定が最も重要

したがって、契約書（覚書）には、上記４つの項目が「期限と数値」という形で具体的に示されているものでなければ意味がないことになります。このうち、最も重要な項目が③の最終見積り金額の確定です。この定めは、契約時点における総経費の上限を規定しておくものであり、後出の設問で問題にする「追加料金」の問題とも深く関わってくる重要な取り決めです。両者が合意した最終見積り金額は、最終見積書を契約書に添付しておくことで効力が発生します。（最終見積書の経費合計額に被るように、両者が捺印をしておくことが必要です。）

いずれにしても、契約書の調印は最も重要な法律行為を意味しており、依頼者にとっては後戻り・やり直しすることができないことを宣言する「重要な儀式」ともいうべき行為です。どうか慎重の上にも慎重を期して、後々悔いを残さない「本作りの船出」としていただきたいものです。

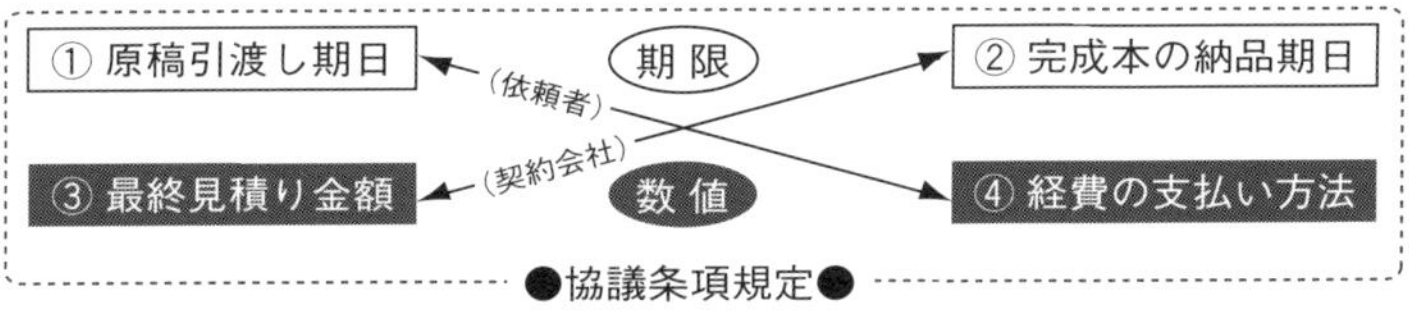

＊①と④は依頼者を拘束する条項であり、②と③は契約会社を拘束する条項である。
＊協議条項規定は、取引開始から終了までの期間に当事者間で問題が生じた場合に話し合いによる解決を図るための根拠となる重要な規定である。
＊②の納品期日はあくまでも契約時点での目標であり、製作の過程で遅延事由が生じた場合は、両者の話し合いで納品日を定めていくのです。

何も問題が起こらず本が完成して、契約が無事終了すればいいですね。

Q31 使用用紙の特定

Q 契約書には最終見積書も添付されているのですが、使う用紙の明細はどこにも書いてありません。用紙の明細は必要ないのでしょうか。

A 各用紙の明細は、契約書に付ける最終見積書の必須事項です。本の完成後、契約書通りの用紙が使われているかどうかを確認するためにも各用紙の特定は必要です。

解説

全使用用紙（資材）の特定が必要

最終見積り書面として契約書（覚書）に添付される場合は、本文用紙から見返しの用紙に至るまで全ての使用用紙について、その種類（洋紙メーカー名・品名・品番）と斤量を明示しておかなければなりません。ここで斤量（きんりょう）とは紙の重さを意味し、当然重い（厚い）紙ほど高価になります。紙の重さの単位にはkgが使われますが、通常、本文用紙に使われることの多い「46・5kg（よんろくはん）」の場合は、その用紙の全紙千枚分の重さが46・5kgであることを表しています。（＊下掲の図入りで明示しておけば非常に分かりやすい。）

そして、本が完成し、納品されてきた時点で、契約書（添付してある最終見積書）上で特定されている各用紙が確実に使われているかどうかを慎重に確認・検品していかなければなりません。おそらく、あなたに本が納品されてくる前には、制作担当者による検品確認をがなされているはずですから、間違った用紙が使われていることは、よほどのことがない限りまず考えられません。

各使用用紙の明細図の書き方例

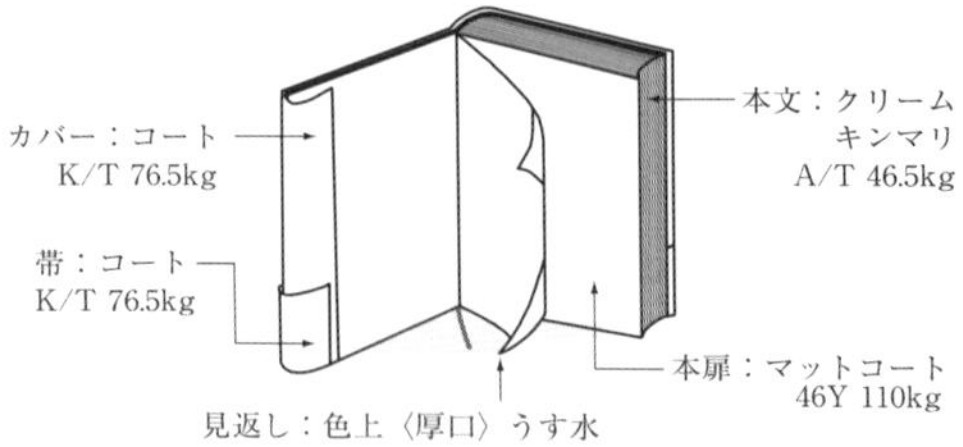

契約書指定の用紙が使われなかった場合

もし、納品本に使われていた各用紙が契約書に定められた用紙ではなく、別の用紙で作られていた場合は、即刻作り直しとなります。また、契約書指定の用紙が使われていても、その斤量が違うもの（斤量が足らず薄くて軽いもの）が使われてしまったようなケースでは、改めて作り直しをするか、それとも値引き等の交渉に入られるべきでしょう。つまり、こういった不測の事態に対処していくためにも、契約書（覚書）に添付されている最終見積り書面上に用紙（資材）等の特定をしておくことが必要となるのです。

高価な用紙（資材）ほど慎重な対応を（＊）

自費出版の経費のうち、用紙（資材）関係の経費の占める割合は高く、先述した通り、余り使われることの少なく重量のある用紙になればなるほど価格は高騰することになります。つまり、使用頻度に応じて価格の高低は決まってくるという理屈です。（したがって、余り使われることのない用紙は避けられ、担当者の勧める類用紙を指定するように心掛けてください。）

特殊紙でエンボスペーパーの「レザック紙」についても同様の注意が必要です。レザック紙は非常に高価な紙で、製作発表年ごとに製品番号が付けられています。もし使われる場合は、製品番号・色目・斤量を正確に特定しておくことが必要です。また、句・歌集の表紙や貼り箱などに使われることの多い高価な布クロス地やレーザーペーパー等の資材についても製品見本帳を実際に見られてメーカーや品名等を決めていかれるべきで、業者さんが提示した用紙や資材のチップ見本を契約書の余白に貼付しておくことをぜひお勧めします。

＊カバーを巻けば表紙は隠れた存在になる

表紙をレザック紙のような高級紙で作る方は多いのですが、カバーを巻いてしまえばもちろん中は見えないわけで、外見効果はゼロと言えます。

もし、「中の外見」にこだわりのない方であれば、経済性から考えて、コート系の一般紙であるアートポスト紙を選択されるのも一考かも知れません。

用紙や資材（布クロス地など）は必ず見本帳で確認してください。

Q32 制作担当者の特定

Q
これまで交渉してきた出版社と契約に臨むところですが、まだ一度も私の本の制作担当者と面談していません。このまま契約書にサインしてもいいのでしょうか。

A

契約書を取り交わす前に、一度は制作担当者の紹介を受けられ面談されることをお勧めします。この方はあなたと一緒になって本を作っていかれる最も重要な人物です。

解説

「人」は経費の問題以上に重要な選択基準である

自費出版の相談交渉において経費の額がどうなるかに関心が集まることはあっても、あなたの本の制作に携わっていく担当者の問題にまで「選択の眼」を広げている依頼者の方は意外と少ないのではないでしょうか。しかし、あなたの本の制作担当者が誰になるかという問題は、かかる経費の問題以上に重要なことなのです。それは、下掲にあげた場面で必ず直面する問題です（＊）。

契約をしてしまえば、出版社が決めた制作担当者と一緒になって本の完成まで苦楽を共にしていくことになるわけですから、その方があなたにとって信頼のおける人物であって、かつ、本作りにかける熱意が感じられる人になってもらいたいと願われるのは至極当然のことと言ってもいいでしょう。

契約前の段階では部門責任者による応接対応となる

従業員が少人数の会社であれば、本の制作に携わる人の数は限られているので、

＊製作関与の場面
本の製作過程で依頼者の方が関与する場面を左に箇条書きで列挙しました（ただし、⑤と⑥は除きます）。

① 組見本の提示時
　→依頼者に確認
② 初校ゲラの調製時
　→第1回目の校正
③ 再校ゲラの調製時
　→第2回目の校正
④ カバー等の色校正
　→依頼者に確認
⑤ 責任校了（制作会社）
　→印刷会社へ入工
⑥ 印刷・製本工程（印刷会社）
　→検品（納品）
⑦ 依頼者による検品確認

実際の制作担当者の方との面談も容易なことかもしれませんが、多くの場合は、その部門の責任者が応接対応していくことになると考えていてまず間違いありません。また、あなたが依頼する本作りの仕事を外注委託（一括丸投げ）される会社であれば、さらに「あなたの本の制作担当者」と面談することは困難となります。（外注製作の対応方については、Q33～Q35にまとめて解説しています。）

人物を見てから判断し契約書の調印を行うのが理想（＊）

したがって、相談に臨まれる際は、当然責任ある立場の方が応対されるわけですから、その方にあなたの考え方なり要望なりをしっかり伝えていかなければなりません。そして、一番重要なことは、正式に契約書（覚書）を調印するまでに、あなたの本の制作担当者（責任者）を決めていただき実際に紹介してもらうことです。そして出来れば、その方と対面で話ができる場（機会）を設けていただくことです。このことを経ないでおいて、大事な契約書の調印をしてしまえば、結果として「後悔先に立たず」となってしまうでしょう。そうならないためにも、制作担当者という「大事な人物」をしっかり見てから契約書の調印という最終判断を下すこと、これが最も重要なことなのです。

印刷会社の場合は営業担当者がその任に当たる

出版社の制作担当者にあたる人が、印刷会社では営業担当者です。とりわけ出版物の製作に関する知識や経験の豊富さでは、出版社に優るものを彼らは持っています。このことは、本作り現場の最前線に毎日いるわけですから当然のことと言えるでしょう。

＊会社は決められても「人」は決められない

自費出版依頼者の方が契約後に抱かれる大方のジレンマは、おそらくこのことではないでしょうか。会社は選べても人まで選べないこの現実に対して、「慎重に選択した方がいい」と書いても、確かに矛盾した書き方です。

しかし、ただ何も考えずに、何もされずに契約をしてしまえば必ず悔いが残ります。どうか、お金（ハード）の問題も大切ですが、それ以上に大切な人（ソフト）に対する問題意識も頭の片隅にしっかり置かれて交渉を進めていっていただきたいものです。

制作担当者の特定や面談が出来ない場合、私なら契約を見合わせます。

Q33 外注化される自費出版

Q 私がこれまで交渉してきた出版社ではなく、その会社の外注先で私の本を制作するそうです。この場合、注意すべき点について教えてください。

A

外注先の担当者との連絡体制を保証してもらうことです。つまり、あなたの意見や要望を直接外注先の担当者に伝えることが可能な「制作環境作り」をしていくことです。

解説

外注化された場合の連絡体制の確保

多くの自費出版物の制作が契約した出版社の「外」で制作されていくことも実際問題として考えておかなければなりません。外注化される理由も、「人員的・能力的・納期的・経済効率的」と様々です。

依頼者の方の立場に立てば、「顔が見えて直接話が自由にできる」制作担当者と一緒にご自身の本を作っていきたいと考えておられるはずなのです。しかし、いったん仕事を外部の会社や編集下請け人に出されてしまえば、顔を見るどころか、ご自身が伝えたいことを自由にやり取りしていくことすら難しくなってしまうケースも出てきます。本の制作を業者さんに全面委任していかれる方は別ですが、できる限り制作に関与していきたいと思われるのであれば、契約した出版社等（元請会社）の担当者に対して、外注先の制作担当者との連絡体制の確保を取り付けておくことが重要です。しかし、業者さんによっては外注先の所在を明かにせず、実際の制作実務に関与していない元請会社の担当者との交渉しか認めない会

＊人間関係をどう構築するか

外注化される自費出版を考えた場合、あなたが契約した会社内で自社制作されていくのとは違って、取引の構図がより複雑になることは確実で、制作に携わる「人」とのコミュニケーションも容易に取っていくことはできません。

したがって、実際の制作作業が開始される前に、契約した会社と十分に話し合いをさせ、作業自体に支障が出ないようにしてもらうことが何より重要なのです。

社もあります。そういう場合は、特にゲラの組み上がり時に限り、元請・外注先・あなたの三者間で話し合いの場を設定していただくなどの配慮を求めるべきでしょう（＊）。

契約書調印前に外注化を知らされた場合

契約書の調印前に外注化を知らされていたのであれば、外注先にいるあなたの本の制作担当者と面談し、彼（あるいは彼女）の「資質と本作りに対する熱意」を慎重に見極められた後、今後の編集制作過程で支障が出ないという確約（最も肝心なことは自由に情報交換できる連絡体制を約束してもらうこと）を取られた上で、契約するかどうかを慎重に判断していかれるべきでしょう。契約した会社との関係も確かに重要ですが、本の制作を通して付き合っていくことになる「第二番目の会社と制作担当者」との関係はさらに重要です。

契約書調印後に外注化を知らされた場合

これとは逆に、契約書を調印してしまった後に外注化されることが契約会社から明らかにされた場合（おそらくこのケースが殆どであろうと思われます。）、当然のこととして制作担当者は未決定ということであり、契約前から知らされていた依頼者の方よりもさらに慎重な対応を取ることが求められます。契約に縛られてしまい後戻りができなくなっている状況であることに変わりはないのですが、逆に気持ちの上では割り切られて、「契約後」という事実を前面に出されて行動していくことも有意なことです。つまり、あなたが納得できる外注先と制作担当者に行き当たるまで、契約会社と粘り強く交渉を続けていくことが大切です（＊）。

＊制作者としての心を大切に

もうずいぶん前の話になりますが、私が東京で勤務していた当時、比較的大きな出版社の方と話をしていて、その方から「私はいま4冊の本を抱えていますから」と言われたことを思い出します。

4冊抱えているということは、4冊の本の編集担当をしているということです。確かに、量産主義はいまの出版界にも当然通じることですが、本当に同時期に4冊もの書籍を責任をもって制作していくことができるのだろうか、と当時は強く疑問に感じたものでした。

ところが、ここで書いている外注先をうまく利用していけば、それは難なく可能なことになるのです。ただし、作り上げられてくる本の一冊一冊に「制作者としての心」が入っているかどうかは、その方や外注先の担当者の方に直接聞いてみないと分かりませんが、これについては、私はかなり否定的です。

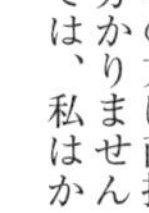

外注先の担当者の方が優秀で、かつ、熱意のある人であれば、幸運です。

Q34 外注先で発生した追加料金

Q 外注先で本の制作が進んでいますが、そこで追加作業をお願いすることになり、追加料金が問題になっています。私はどのような交渉をすればよいのでしょうか。

A

追加料金の金額交渉を外注先と直接することは避けるべきです。金額に絡む問題は必ず契約会社と話合いをするか、外注先の担当者を加えた関係三者で話し合うべきです。

解説

外注先の会社で追加料金が発生した場合の対応

本の編集制作を進めていく過程では、いろいろな問題が発生してきます。一番大きな問題は、追加料金が発生するような仕事をあなたが外注先の担当者に対して要請した場合です。外注先としては、契約会社と取り決めている規定料金以外の金額を支払ってもらえない立場にあるため、おそらく、あなたが要求した追加仕事を始める前に追加料金の発生について何らかのコメントが出されるのが自然の成り行きというものです。

外注業者さんの中には、追加料金の概算金額まで提示する場合もあるかも知れませんが、あなたとしてはこの段階で了としてはいけません。つまり、個別の金額決定に対して何らの権限も有しない外注先との間で金額について合意することには何の意味も持たないからです。この場合は必ず契約会社にいるあなたの本の担当者と協議し、具体的な結論である「追加料金の額」を決定していかれるのが本来のあり方です。そして、もしこの金額について、あなたが許容できる額であ

＊追加料金を拒否した場合

契約会社が提示した金額に納得せず、その支払いを拒否した場合、あなたが話し合いの席に就き、お互いが納得できる金額の合意をみるまでは、あなたの仕事自体が止められてしまうでしょう。

話し合いに応じず拒否し続ければ、全く無意味な空白期間を作ってしまうことにもなるのです。

ると判断した場合は、その意志を契約会社の担当者に伝え、追加料金の額を明示した契約書の訂正方を求めてください。しかし反対に、出されてきた追加料金の額に納得が行かない場合（＊）は、追加作業の要請そのものを取り下げるか、追加作業内容の縮減を考えていかなければなりません。

軽微な追加作業と追加料金

　外注先の担当者と意気投合して本を作っている段階では、何枚かの写真の取替えや些細なページレイアウトの変更など「軽微な追加作業」については、追加料金の発生を匂わすコメントは出されないものですが、中には、軽作業の明細（日時と作業内容および所要時間、追加作業をした担当者名など）を書き入れた付箋メモ類の束を契約会社に示し、それらを合算した金額を追加作業料金として一括請求してくるケースが出てこないとも限りません。つまり、「チリも積もれば何とやら」ということで、たとえ軽微な追加作業とは言うものの、回数が多くなればなるほどその可能性は高まるものと考えておくべきでしょう。

　したがってあなたとしては、軽作業の要求を出されるたびに追加料金の有無について質し、追加料金の対象とはならないことを逐一確認していくことが必要となります。作業をしている相手方の担当者からは煙たがられるかも知れませんが、全てが終わり、本が出来上がってしまった後ではまず手遅れとなってしまうからです。

　また、「分業」（＊）という言葉があるように、実際の作業を数人で手分けして行えば、確かに作業時間の短縮には繋がりますが、一方において、分業によって作られてきた成果物には微妙な不統一感が出てしまうことも避けられません。

＊作業の分業化への対応

たとえ一人で全部の作業を受け持った場合であってもケアレスミスは必ず出ます。ここでは、大勢の人間で作業をするよりは少数の人間で作業をした方が間違いが少なくて済むことを指摘しているのです。

例えば再トレース等の加工品に不統一感を持った場合は、時をおかれずにその訂正方を業者さんに求めるべきです。訂正にかかる料金は基本料金の中に入っていますので、ゲラをしっかり確認され、訂正要望をまとめて出されるべきでしょう。

しかし、図自体を書き替えられたり、取り換えられたりされた場合は、当然追加料金の対象となってしまうことは言うまでもありません。

お金のことばかり気にしながら本を作っていくことは、確かに疲れますね。

Q35 知らされなかった追加料金の額

Q 追加料金の額を知らされないまま本が出来てきました。残額精算時に追加料金20万円という金額を知らされ驚いています。私はどうしたらいいのでしょうか。

A 
追加料金の額を作業に取りかかる前に知らせなかった業者さん側にも問題があります。契約書の協議条項規定を活用して、金額の合意を図っていかれるべきでしょう。

解説

追加作業の要請は依頼者から出ていること

全てのことがうまく行くような順風満帆な自費出版は、まず考えられません。中には、制作担当者と反りが合わず、お互いのコミュニケーションが破断状態に陥り、船を先に進めるどころか両者が船から降りなければならない状況に陥る最悪の事態も想定しておかなければなりません。そこで、設問にあるような追加料金が問題になっているということは、あなた自身が業者さんに追加作業をさせた事実をしっかりと認識していることが重要です。

協議条項規定を活用して両者が真摯な話合いをする

問題は、依頼者が追加経費の認識を持っていたとしても、肝心の追加料金の額を知らされないまま本が出来上がってしまった場合、それにどのように対処していけばいいか、ということです。追加料金の20万円にどうしても納得が行かないときは、契約書にある協議条項規定（＊）を使ってお互いが話合いをし、「合意で

＊協議条項規定の活用
Q30では、契約書を支える3本の柱について解説しました。このうちの3本目の柱が「協議条項規定」です。この規定は、契約期間を定める条項の前に置かれていることが多く、取引上の進展によって発生するトラブルをお互いが真摯な話し合いをすることで解決への途を探っていこうとするものです。契約当事者にとって欠かせない重要な取り決めと言えるでしょう。

きる追加料金の額」を決めていくことが最善の道と判断します。

金額の告知を怠った業者さん側の過失責任

もし、あなたが許容できる額をはるかに超えるような追加料金を請求されることが事前にわかっていれば、おそらく追加作業内容（＊）の縮減（例えば、図版・写真等の取り替えや、文章の複雑な入れ替えの数を減らしていくなどの対応）を考えられたかも知れません。この場合であれば、追加作業料金の額を事前に知らせることを怠り、そのまま本の納品までできてしまった業者さん側の責任が厳しく問われてくるでしょう。

業者さん側が金額の事前告知を怠った理由

一方の業者さん側の考え方を斟酌すれば、「制作途上の段階で追加経費の額についてその都度金額を知らせてしまえば依頼者に煙たがられてしまう」とか、「追加作業そのものを撤回されてしまう」ことなどが頭をよぎられたのかも知れません。依頼者としては、追加料金の認識を強く持っていたからこそ「その実際の金額」の提示を業者さん側に求めたわけで、この行為は例えば、全ての商品の購入に際して価格を知らずに購入を決める人はいないという当然の理屈からすれば、これを誠実に履行せず金額の提示を怠ってしまった業者さん側の過失責任は免れるものではない、ということになります。

私が自費出版の仕事を引き受ける際（特に、契約書の説明をしている場面で）、必ずお話することは、「私が追加料金という言葉を口にしない限り、追加料金をいただくことはありません。」という一言です。

＊追加作業内容の軽重
追加作業にはいろいろなものが考えられますが、その難易度に伴う「追加料金の発生判断」は業者さんや個別の制作担当者の考え方次第で分かれてきます。
もし、あなたが追加料金の発生が問題になりそうな仕事を業者さんに依頼した場合は、時を措かずその時点で、発生するかどうかの判断を求め、発生するとした場合は、その具体的な金額の提示を求めるべきです。

追加料金の額に合意を見ない時は、本の納品に支障を来すこともあります。

Q36 ゲラ校正の心構え

Q 出版社から校正ゲラが届いたので早速赤ペンを持って校正しようとしたのですが、何から始めてよいかが分かりません。校正をする際の心構えのようなものはあるのでしょうか。

A

最初から赤ペンを持って校正を始めてはいけません。まずゲラ全体を2、3回、じっくり読んでみる（時には声に出してみる）ことから始めてください。

解説

初校ゲラ（＊）は2部取り寄せよう

校正という作業について解説する前に、できあがってきたゲラについて書いておきます。このゲラは「初校ゲラ＝第1回目に出されたゲラ」と言って、本作りにおいて最も重要なゲラです。本文全体の骨格はこのゲラが出されることでほぼ確定します。総ページ数も大幅な内容変更が今後起きない限り、ほぼ確定したものと考えていてよろしいでしょう。

初校ゲラは2部必要です。実際に校正をして赤字を書き込むゲラは「副本ゲラ」と位置づけます。そして残りの1部は、副本ゲラで出た赤字を正確に転記して業者さんに戻す「正本ゲラ」となります。出版社によっては1部しかゲラを出されない場合もありますので、あなたから「ゲラは2部必要」と要請し、確実に2部受け取れるようにしてください。

校正をする際に必要となる文房具は、黒鉛筆・消しゴム・大小2種類の付箋とメンディングテープ、最後に赤色のボールペンです。その他には、代替案文や表

＊初校ゲラで何が分かるか？

初校ゲラは一番最初に組まれてくる最も重要なゲラで、これから出来上がるであろう出版物の原型ともいうべき大切なゲラです。

このゲラが出ることによって、本の総ページ数のアタリを掴むことができ、本文の使用用紙が決まっていれば、本のカバーの背幅（背厚）も確定していくことができます。しかし、これらのことはあくまでも現在の初校ゲラに大幅な変更が加えられないことが前提となります。

記上のメモを書き込むための用紙を用意しておかれるとよいでしょう。（メンディングテープはメモ用紙片をゲラに付けたり、付箋の落下止めに使ってください。）

ゲラを読み込むことで「本のかたち」を掴んでいく

さて、実際の校正をどう進めるかですが、まず頭の中から「赤字を入れなければ」という観念を捨て去ることです。黒鉛筆以外の筆記用具は持たずに、ただひたすらゲラと向き合うこと、じっくりゲラを数回読み進めてみることです。あなたの視線の先には、文字や行を追っている黒鉛筆の芯の先端があります。集中してゲラの読み込みを進めるうちに、だんだんと原稿全体のかたちも見えてきます。そして、校正を始めた段階では、1枚1枚の紙の集積のように見えていたものが、時間が経つにつれ、この平面的なプリントの一群が本のかたちを成してあなたの前に現れてくるようになります。この「本のかたち」をしっかり掴まれる前に、目先の小事である校正（赤字入れ）作業をされても決して良い本を作り上げることはできません。

あなたが出された赤字を正確に転記した正本ゲラを業者さんに戻された後も、次のゲラである再校ゲラ（＊）が出されるまでの間、手元に残った副本ゲラを使って何度でも読み込みを重ね、ゲラ（原稿）の推敲を十分に行ってください。そして、この段階で修正すべき箇所を新たに発見した場合は、初校校正で使った赤ボールペンではなく、青色のボールペンを使って訂正記入しておくのです。当該箇所（ページの上部）に青色の付箋を付けておかれればさらに万全で、再校ゲラが出された時にこの青字訂正箇所からまず書き入れていくのです。

＊ゲラ出しの回数について

契約書（覚書）の中では、校正責任については触れられていても、校正回数について特定されていることはないものと思われます。つまり、基本的な校正回数は「2回」であることが一般的に定着している証左であると考えます。

また今日のように、インターネットメールの送受信が可能な時代では、数えきれないほどの訂正回数・機会が保証されていることにもなるのです。

しかし、このことは相手方の業者さんが逐一その訂正方をしっかりと処理していかれることが前提となるため、「メール校正」の送受信を受認されるかどうかについて確認しておくことも必要です。

たとえ業者さんが「メール校正」を認めたとしても、分かりやすい指示の出し方、節度のあるメールの出し方でお願いしたいものです。

Q37 ゲラ校正に使える「覚え記号」とは？

Q 校正しているうちにゲラの余白にメモなどを書いてきたため、何がなんだか分からなくなりました。もっと効果的な校正方法はないのでしょうか。

A 

活版印刷時代の校正記号のような使用目的がはっきりしたものではなく、それに代わる注目記号や統一記号のような「覚え記号」があります。ご自由にお試しください。

解説

昔は文字校正、今はデータ確認校正の時代（＊）

校正記号とは昔懐かしい言葉を書きましたが、私がこの世界に入った40年ほど前は活版印刷の最末期に差しかかる時代でした。活版印刷はご存知の通り、鉛活字を一本一本植字して版が作られていたため、誤植はつきものでした。ゲラ校正にあたっては何種類もの校正記号が使われたわけですが、今日のようにパソコンから文字を入力する電子データでは、その通り正確に組まれていて当たり前であるため、「誤入力」という言葉は使われても「誤植」という言葉は当然死語となりました。つまり、こんにちのゲラ校正は、入力変換ミスによる誤字・誤入力箇所の発見であるとか、正しくデータが流し込まれ、文章と文章がしっかり繋がっているかを判断する「データ再確認作業」である、と考えられています。

「鉛筆アンダーライン」などの覚え記号

ゲラ校正をしていて、ふと立ち止まることがあります。こういった箇所は、「書

＊校正ゲラを出版社等に戻す場合は不要な付箋やメモ類は外しておく

前問では、実際に校正作業をする場合は正本・副本2つのゲラが必要であることを書きました。しかし中には、1つのゲラだけで間に合わせてしまう方もおられるでしょう。

そのような場合に注意すべきことは、校正時点で付けてきた付箋やメモ類は外し、余白に書いてきた代替案文等の文字や覚えのメモなどは、制作担当者がゲラ修正の作業を進める上で間違いを誘発する元になるため、きれいに消しておかなければなりません。

かれていることは間違ってはいないが、もう少し適当な表記や表現法があるのでは」と思い至るため、人は読み進めることをやめて立ち止まるのです。この場合は問題の行全体に「黒鉛筆でアンダーライン」（＊）を引いてください。つまり、要再考箇所の覚えとしておくのです。助詞一つに問題がある場合は、その助詞だけをマルで囲っておけばいいでしょう。

鉛筆アンダーラインの箇所には「①、②、……」のように番号を振っておき、その代替案文・代替表記が思い浮かんできたときは、ゲラのページ数と上記の丸付き数字を振ってメモ用紙にしっかり書いておくのです。すぐにゲラの上に赤字訂正しないのがミソです。結果的にみて現在の文案や表記が最良のケースもあるし、さらに良い代替表記や案文が出てくる可能性もあるからです（＊）。

メモ用紙にページ数や番号を書き入れるのが面倒と思われる方は、メンディングテープで「訂正した紙片（メモ）」をゲラに貼り付けておいてください。

用語の統一と超再考箇所の覚え記号

ゲラ校正で最も気になることは「用語の統一」です。意味が同義の用語・句が出てきた場合は、その語句等の横に二重線を引いて強調しておくのです。この二重線の箇所は、校正が終わるまでそのままにしておき、最終的に統一を図って行くことになります。そして、一番頭を悩ます箇所は、数行にわたる文章の見直し作業です。この見直しに時間を使っていたらなかなか前に進んでいかないため、こういう時は、問題の数行分を覆うようにして、大きな「パーレンかっこ＝（　）」を黒鉛筆で付けておきます。ここは今後相当な時間をかけて慎重に訂正処理していくことになります。

＊出版社等に正本ゲラを戻す際に有効な転記方法

上記の解説を読まれた方が行った校正ゲラ（ここでは副本ゲラ）には黒鉛筆の文字しか書かれていないでしょう。そこで、ここからが問題です。

それらの箇所を最初から念入りに確認した後、確信を持って訂正すべきと決めた部分を赤丸枠で囲って行くのです。

そうすると、どうしても未だ赤丸枠で囲えない箇所が何ケ所か残るものです。これらの箇所はおそらく「文意不通箇所」に多く見られ、今後十分な再考・推敲が必要な箇所ということになります。

こういった作業を慎重に進めこなして行けば、全ての黒鉛筆書きの部分に赤丸枠が付けられます。これで、あなたの校正は「了」となります。この了の段階で初めて、正本ゲラを副本ゲラの右に置いて、赤丸枠の部分を正確に赤字転記していくのです。転記が済んだ箇所には赤丸枠の横に「済み」チェックを必ず入れてください。

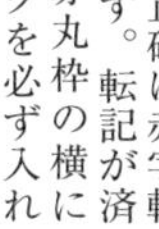

付箋紙は校正ツールとして重要です。色を変えて使えば校正が捗ります。

コラム 2

契約前に出版社の編集力量を見定めることはできるか？

このテーマをコラムで扱ってはバチが当たるほどに重要な問題を秘めています。バチが当たらないように真剣に書いていくことにしましょう。私の答えを先に書いておきますと、「残念ながら答えはノー」となります。自費出版の依頼者の方が契約に慎重になるのは、確かに金銭的な問題もありますが、「多額の金銭を負担しても本当にまともな本作りがしてもらえるのだろうか？」という懸念が払拭できないからです。契約後であれば話は簡単で、出版社から出される組見本ゲラの検討や修正を重ねていくことで、依頼者が理想と考えてきた本の形に近づけていくことはできます（しかし、この「検討や修正」もおそらく１～２回という限られたものとなるでしょう）。

「契約前」ということになれば、出版社の編集力量を見定めることなど、さらに絶望的な要求ということになります。仮に組見本の作製方を依頼者が有償を条件に依頼していかれても、それを快く引き受けられる出版社はまず現れないからです。

それぞれの出版社には、こんにちまでに制作してきた本が並べられています。おそらく依頼者の方は、契約前の段階でこのうちの何冊かの本を見ることによって、出版社の編集力量を判断されていかれるしか術はなく、ご自身の原稿が組版上どう扱われていくかを想像するしかありません。高額な金銭を負担される依頼者のお気持ちを斟酌すれば誠に頼りない話になるのですが、この大事なステップを踏まずに契約してしまえば、もう後戻りをすることはできません。したがって、契約書調印までの相談の場において「契約後に出版社から出される組見本ゲラの修正に当たっては依頼者の意向を十分に考慮した対応方を取る」との言質を引き出された上で、本契約の調印に臨まれるべきでしょう。

本が出来てから

待ちに待った本が出来上がってきました。そうすると，その本は羽根が生えたようにいろいろなところに飛んでいくのです。本章で取り上げている「献本すること」「販売すること」がその実際例と言えるでしょう。

自費出版の第一の目的は「本を売りさばく」ことではなく，おそらくあなたのお近くにいる親しい方々に読んでもらうことではないでしょうか。何事も“親しき仲にも礼儀あり”です。本が出来上がった感激をしばしの間抑えられ，心の隠った献本行為をすることに徹してほしいものです。

もう一方の「本の販売」は確かに，あなたに夢や希望を抱かせてはくれますが，それが正夢になることはまずないものと考えておいた方がいいでしょう。大量の返品本で部屋の中がいっぱいになる図は誰しも思い描きたくないものですが、そういった悲惨な顛末となることも絶えず頭の片隅に置かれ、慎重に動かれることを願うばかりです。

Q38 献本・寄贈のマナー

Q 自費出版した本を個人や会社に献本したいのですが、贈り方にもマナーのようなものがあるのでしょうか。その際、必要となる印刷物についても説明してください。

A 本を差し上げる相手先に対して失礼にならない方法で行うことが大切です。本稿では、謹呈しおりと出版上梓文の作り方についても分かりやすく説明しておきます。

解説

謹呈しおりに付ける表題

一般的に、個人に差し上げるときは、あなたより年上の方の場合では「謹呈」あるいは「献呈」とし、あなたの年齢と同じくらいか、あるいは下の方の場合は「贈呈」が最も適切な言葉として使われます。学校・図書館等の公的機関宛に献本する場合は「寄贈」で統一されることが多く、関係先企業宛には「贈呈」あるいは「寄贈」のどちらかを使ってください。

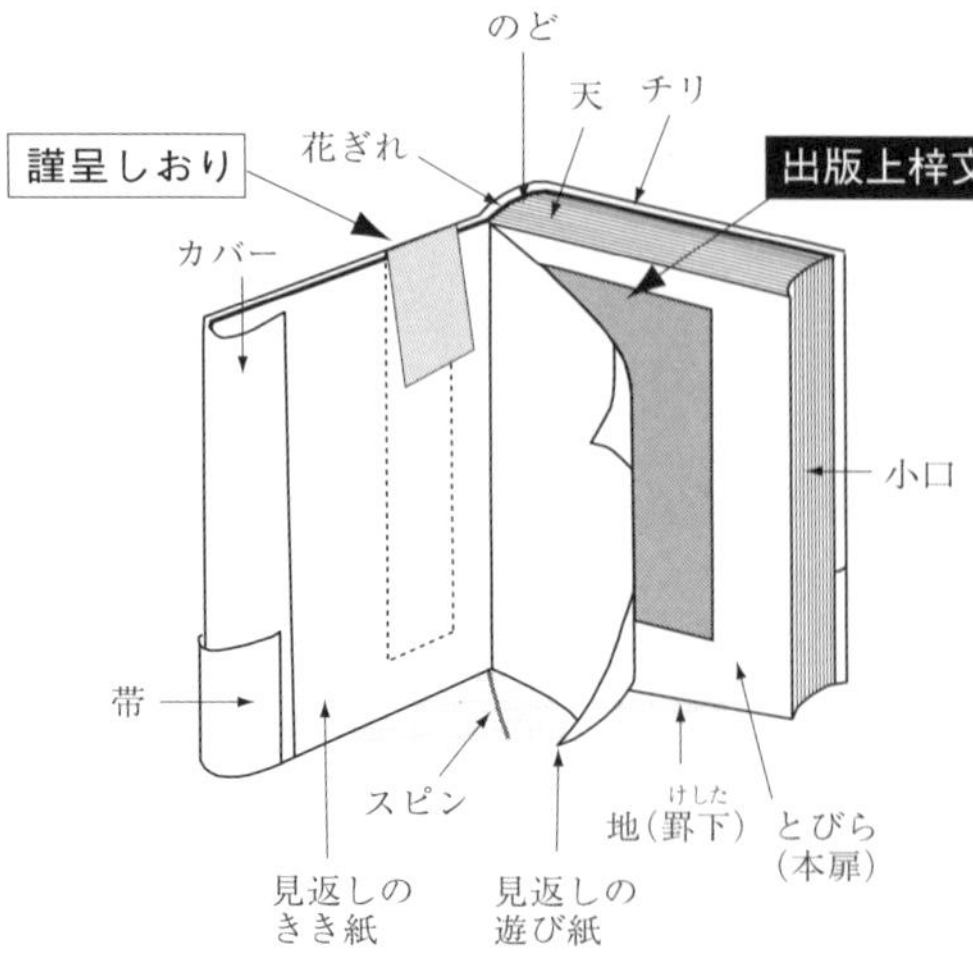

＊しおりの大きさ
謹呈しおりの大きさは、作られる本の判型によっても違ってきますが、例えばＡ５判の本であれば、縦１８０ミリ×横２０ミリ程度の紙片が適当なサイズでしょう。

「あなたご自身」の表記の仕方

そして、表題の下には、本を書かれた「あなたご自身」を表す表記を置くことになります。ただ単に「著者」と置かれる方もいますが、これでは少し威張った感じが出ると思われる方は、「著者　○○○○」あるいは「○○○○」というように単にお名前だけを置かれるのもいいでしょう。肩書き等は不要です。

これらの文字の大きさは、「謹呈」等の文字の大きさよりやや小さめの活字を使ってみると、しおりらしさが出てきます。このしおりを本のカバー表紙の上に（できれば本のタイトル文字が被らない位置に）垂れ下げるようにしておきます。しおりの上部を2、3センチほど折り曲げてカバーに架けてください。（巻末の附録⑤丸コブ付き謹呈しおりの作成例を参照）

出版上梓文の意味と作り方

本を開くと最初に出てくるのが見返し（色紙）です。この見返しと本扉の間に挟み込んでおくのが「出版上梓文」です。これは、読んで字の如しで、「あなたが本を出版したことをお知らせする」手紙のような役割を持っています。長くても400字程度の文章にまとめましょう。本を自費出版しようと思い立った動機や、出版に漕ぎ着けるまでの苦労話、あなたご自身の最近の近況などを簡潔に記してください。

この文章を作られるのが煩わしいと思われる方は、上記の謹呈しおりより少しばかり幅広の用紙を使い、200字程度のあいさつ文にあなたのお名前を付けて、それをカバーの表面に置かれるのも良いでしょう。つまり、謹呈しおりに「出版上梓文」の役割も持たせるのです。

＊味のある出版上梓文を作る

出版上梓文は確かに、ご自身が本を出版されたことをお知らせする目的がありますが、決してそれだけに止まるものではありません。

これまでの人生を振り返られたり、現在のご心境などを綴られてもいいでしょう。親しくお近しい方には、かえって本以外のことが「お知りになりたい事」なのかも知れませんから。

ご自身で作れば何種類もの文例を書くことが可能です。ぜひ心のこもった上梓文を作ってみてください

献本行為は最初で最後かもしれません。心を込めて贈ってください。

Q 39 本の梱包と発送方法

Q 本を献本発送したいのですが、梱包や発送について分かりやすく説明してください。また、最も経済的な発送手段についても詳しく教えてください。

A 水漏れや破損を防止する厚めの封筒で梱包するように心掛けてください。発送手段としては日本郵便の「ゆうメール便」が最も経済的で安全確実な発送手段と言えるでしょう。

解説

献本先リストの作成とゴム印2種の準備を

ご自身で献本発送する場合、あるいは発行先の会社があなたに代理して発送する場合（＊）であっても、献本先のリスト（住所一覧）の作成が必要です。これらのデータは本が出来上がる数週間前には完成させておくとよいでしょう。発送する件数にもよりますが、相当件数に発送する場合であれば、「○○○○著『書名□□□□□□□□』」と入ったゴム印（横組）、あなたの住所印（横組）の2つを揃えておいた方が何かと至便です。この書名印と住所印は、書店さんへ個人直販委託をお願いする際に必要となる納品書にも使うことができます。なお、荷票の記事欄（空欄）に押す書名印の横には、必ず「謹呈」等の朱文字を置いてください。

厳重梱包の方法（＊）と発送手段

運送途中での水漏れが一番厄介な問題です。これを防止するためには、防水機能の付いた専用封筒に入れて発送することが最も安全な方法ですが、これが入手

＊業者さんによる代理発送
一方、発行元の出版社等から自著の献本発送をする場合（もちろん、出版社等がその作業を引き受けられる場合）には、差出人欄の余白に「発送代理」と書き入れておくことが必要です。そうしておかないと、出版社等が勝手にあるいは間違って商品を送付してきたものと勘違いされてしまうことも起こりうるからです。とりわけ、長年にわたり交信が途絶えていた相手先への発送については十分な配慮が必要です。

できない時は、本をビニール袋に封入した後、エアーキャップ（通称プチプチ）を巻いて厳重に梱包すれば、事務用として使われることの多い厚めの茶封筒で送られてもまずＯＫです。

発送手段としては、本の重量を５００グラム～1キログラムと想定すると、通常の宅配便を使うことは不経済です。こんにちでは日本郵便株式会社が扱っている「ゆうメール便」（おそらくかつての書籍小包・冊子小包の後継商品と思われます。）で発送するのが最も経済的な発送手段と言えます。一部の島嶼部地域を除けば、差出日から3～4日以内には届きます。ただし、荷物のサイズや重量にも制限があり、Ａ4判の大きさで厚さ2センチまでとされています。（厚さ2センチを超え3センチまでの場合は「ゆうパケット便」となります）。差出条件や郵送価格等の詳細については、各地の日本郵便本局の郵便部でお尋ねください。

販売している本であれば書籍案内カードも同封しておく

本に定価を付けて販売している場合であれば、差し上げる本の中に「書籍案内カード」を入れておくことも効果的です。ＤＭ臭さをなくすため、申し込み欄を付けない通常ハガキ大のカードにしておかれるといいでしょう。もう1冊その本を欲しい人が書店に持ち込んで注文をかけてくれる可能性もありますので、ＩＳＢＮ番号（図書コード番号）は必ず明記しておいてください。このカードは、本の中央部分に挟んでおかれるとよいでしょう。本にスピン（紐）が付いていない場合、読まれる人によっては、しおりとしての効果も発揮するからです。

なお、書籍案内を本格的な往復はがきで作られる場合は、Ｑ47の解説を参考にしてください。

＊厳重梱包の具体的方法

私が日常実践している梱包方法と資材について詳しく説明しておきます。

まず、1～2冊の書籍は、①ビニール袋で包み、②エアーキャップ（通称プチプチ）を巻き、③防水加工を施した宅配業者専用の封筒に封入します。

3冊以上の場合は、①、②は右と同じですが、最後は、③専用封筒の代わりに十字型のダンボールを使って梱包します。もちろん、十字型の段ボールに入りきらない冊数の場合は、その容積に応じた通常の段ボール箱を使用します。段ボール箱の底面と上部の閉め口には必ずプチプチを1枚ずつ敷いておきます。

なお、段ボール箱に梱包する場合は必ず本を平置きとし、絶対に縦置きにしてはいけません。出来たばかりの本は背部分に入っている糊が固定されておらず、重心のかけ方によっては本全体が不自然に変形してしまうからです。

本作りの終点が献本発送だと考えれば、胸がワクワクしませんか。

Q 40

国立国会図書館への納本

Q　友人が自費出版した時も国立国会図書館に納本したと聞きました。本を納本することは国民の義務として法律で定められているのでしょうか。

A

国立国会図書館法によって納本が義務づけられています。国立国会図書館東京本館へ1～2部お送りください。ただし、国立国会図書館関西館への直接納本は控えてください。

解説

国立国会図書館への納本義務と納本実態

「納本制度」とは、図書等の出版物をその国の責任ある公的機関に納入することを発行者等に義務づける制度のことです。わが国では、国立国会図書館法（昭和二十三年法律第五号）第25条により、国内で発行されたすべての出版物を、国立国会図書館に納入することが義務づけられています。出版社が発行する商業出版物はもちろんのこと、自費出版物についても発行後30日以内に納本することとされています。納本懈怠による罰則も設けられていますが（同第25条の2）、これまでに罰則の適用を受けた事例はありません。

ちなみに、5月25日は「納本義務の日」と定められています。

納本送付に際しての注意事項

①納本部数は原則1部ですが、2部納本された場合はそのうち1部を国立国会図書館関西館に転送されます。関西館に直接納本されても東京本館に回送さ

れてしまうため、関西館宛の納本送付はお控えください。

②ホッチキス止めのものは永久保存に耐えられないため送付しないでください。

③100部以上刊行されていて、広く社会に流布しているものに限ります。

④句歌集などの中に同人名簿が付けられているものは、個人情報保護の観点から受け入れることができません。

以上のことは、国立国会図書館東京本館の国内資料課収集第二係に電話で問い合わせをして分かったことです。なお、たとえ納本が認められた書籍であっても永久保存に適さない書籍と判断された場合は、その旨を記した文書が発送されるそうです。

〔納本制度のお問い合わせ先・納本送付先〕
〒100−8924　東京都千代田区永田町1−10−1
国立国会図書館収集書誌部国内資料課収集第二係
（電話）　03−3581−2331

図書コード番号のない書籍には配架記号を付ける

図書館での収蔵・閲覧管理に供するため、図書コード番号は付いていた方がいいのですが、個人で製作した出版物・印刷物、あるいは制作した出版社等の事情により図書コード番号が付けられなかった書籍であっても納本・受け入れは可能です。この場合は、同館において特別に「配架記号」と呼ばれる番号を配賦することで、展示・閲覧に供しているとのことです。

Q41 公共図書館への寄贈

Q

地域に伝わる祭りの史料を小冊子にまとめました。簡易な製本で50部作っただけですが、こういった手作り印刷物でも地元の公共図書館へ寄贈することはできるのでしょうか。

A

もちろんできます。地域に伝わる文化の伝承・普及は、公共図書館にとっても重要な仕事です。以下の解説では、寄贈する際の注意点を中心にまとめておきます。

解説

図書コード番号がない本でも受け入れは可能

出版社や印刷会社を通されず簡易な印刷・製本で作られたということですから、おそらく図書コード番号は付けられていないと思います。国立国会図書館の対応では、図書コードのない出版物には「配架記号」を配賦することで、展示・閲覧に供していることは前問で解説した通りです。全国の公共図書館においてもほぼこれと同じ考えの下に寄贈の受け入れや図書の収蔵管理が行われています。

電話で取材した愛知県下の公共図書館では、図書コード番号の付けられていない本が寄贈された場合は、日本十進分類法（ＮＤＣ）の規定に準拠した番号を割り当てることで対応されており、これを「分類記号によるマーク付け作業」と呼んでいるそうです。

寄贈される際の注意点（＊）

①公共図書館に寄贈される場合は、本を一方的に送りつけることは控えられ、

直接図書館へ持参して本（印刷物）の内容についても説明された方がいいでしょう。分類記号を正しく付けていただくためにも、この方法が有効です。

②ホッチキス止めの本でも受け入れは可能です。（しかし、本文むき出しの状態では散逸のおそれがあるため、上質紙の厚紙やレザック紙〈66〉などで表紙を別に作り、本文全体を巻いておかれた方がいいでしょう。）

③部数が１００部未満の本であっても、本の内容に保存価値が認められるものであれば受け入れることは可能です。

④名簿などの個人情報が登載されている印刷物は受け入れることができません。

寄贈された本の保存期間と永久保存の指定

公共図書館が本の寄贈を受け入れた場合でも、全ての本が永久保存されることにはなりません。おおよその目安として「受け入れから10年」を経過した本は、図書館としての収蔵・展示閲覧の役割が終わったものと見なされ、紙のリサイクルに出されるとのことです。しかし、この10年という数字はあくまでも目安であって、それよりも長く保存される本、それよりも短い期間でリサイクルに回される本があることを知っておいてください。しかし、郷土史料関係・地方史誌関係の貴重な資料をまとめた出版物・印刷物については、上記の保存期間の規定に縛られることなく、まず永久保存の指定がされるとのことです。

私が各地の公共図書館のホームページを見た限りでは、「寄贈本の処置については図書館側に一任することを条件に寄贈を受け入れる」ところがかなりの数にのぼることが分かりました。書店さん同様、本を保管するスペースの限界を考慮すれば致し方ないことと判断します。

Q42 自費出版した本の販売

Q　私が希望する部数を書店さんに並べてもらえるものと考えていましたが、現実はどうも違うようです。本当に私のような素人の書いた本でも売れるのでしょうか。

A

自費出版した本が売れることはなかなかあるものではありません。殆ど売れ残った場合のこともたえず頭の片隅に置きながら、慎重に行うようにしてください。

解説

「利益はゼロ」でも成功と受け止める

本が売れるか売れないかについて軽々に書くべきではありませんが、本の販売に期待をかけ過ぎる余り、販売するための経費（流通上の取扱い手数料や広告宣伝費等（＊）が嵩んでしまえば、精算後に支払われる売上分配金との相殺によって、結果「利益はゼロ」ということにもなりかねません。否、結果がゼロで終われば成功と考えておいた方がいいのかも知れません。何店鋪かの書店さんに一定期間でもご自身の本が並べられたということは、お金には代えがたいものがあるからです。

ご自身が責任を取れる範囲内で販売に挑戦する

しかし逆に、悲惨な販売結果となってしまい、当然それに費やした経費の支払額が売上分配金の額をはるかに超えるものになってしまったとき、果してこの結果に対して依頼者の方はどのように感じられるでしょうか。つまり、経費をかけ

＊一般的な販売ケースにおいて発生が予想される経費
①出版社への販売手数料
②取次会社への送品運賃
③取次会社の返品手数料
④出版社への返品運賃
⑤依頼者宅への返送運賃（着払い）など
（任意の経費）
①新聞広告等への出広費
②新刊広告の同報ＦＡＸ費（全国書店・図書館宛）
③書店営業巡回費用　など

ればかけるほどそれに比例して本が売れて行くものではないこと、下手をすると「もう1冊本を作っているに値するほどの追加経費」の過重さが身に降りかかってくることへの敗北感に思いを致すとき、本に定価を付けて販売することの恐ろしさを改めて知ることになるのです。しかしここでは、自費出版した本を販売することが危険なことと言っているのでは決してありません。本の販売を考えるのであれば、それに必要となる諸々の経費のかかり方をしっかり認識された上で、さらにご自身が責任を取れる範囲内で慎重に動かれることが必要である、と言っているに過ぎないのです。

第三者の意見（＊）にも真摯に耳を傾ける

本に定価を付けて販売しようと考える方は、先ず第一に、ご自身の書かれた本の内容が他人から金銭を出してもらえるほどの価値および付加価値を持っているものであるかどうかを冷静に見つめ直してみることが大切です。第二に、本を出版することに対して情実が絡まない（利害関係のない）第三者の方々の意見に真摯に耳を傾けられ、最終的にはご自身の判断と責任において粛々と実行に移していかれればよいのです。

ご自身が出版した本を販売しようと思われる方は、少なくとも本がどのような流通ルートをたどって販売されているのかを知っておくことがまず必要です。それらの輪郭を知るだけでも、それに関わっている関係者（出版社・取次会社・書店等）の目的や細部にわたる経費の発生根拠が見えてくるからです。次問では、書籍流通の仕組みと問題点について分かりやすく解説します。

＊他者の意見を真剣に聞いて判断することが重要

私はこのようなケースに行き当たった場合、「25人の方に聞かれて20人の方が定価を付けて売ることに賛成されたら、いいと思いますよ」と話すようにしています。8割という数字は確かに厳しい数字ではありますが、それほどまでに本を売ることは難しいことであり、中途半端な姿勢では必ず失敗してしまうことになるからです。

ご自身の思い入れだけではなく、8割を超す多くの方の支持がありさえすれば、あなたの販売行動には追い風になることは確実です。しかし、この8割の人たちであっても、実際に本を購入しますかと問えば、おそらくその数値は半分以下となってしまうでしょう。

25人の中にお身内の方が何人入られても別に問題はありませんが、同じ8割でも「5人に4人」ではあまり意味がないことだけは、蛇足ながら付記しておきます。

Q43 書籍流通の仕組みを理解する

Q 書籍流通の仕組みについて説明を受けましたが、一度に理解することはできませんでした。本の流通の仕組みについて分かりやすく説明してください。

A 

流通の仕組みを知れば知るほど経費のかかり方も見えてきます。経費のほとんどが人件費と運賃ということになりますが、広告等を出せばさらに経費がかさむことになります。

解説

「送品～返品」の繰り返しが書籍流通の基本

書籍販売の基本は、①委託販売制度の上に成り立っており、②日本全国どこの書店で購入しても同一の価格（定価）で購入することができる「再販売価格維持制度（再販制度）」の下で行われていることです。つまり、本の問屋さん的機能を担う取次会社さんも、本を展示販売している書店さんも、「出版社から本を預かって（委託されて）販売に供しているだけで、実際に本を購入しているわけではない」ということです。これから本を販売しようと考えている方は、この取引上の大前提をしっかりと認識しておくことが重要です。

したがって、本が売れず動かずということであれば、展示スペースの有効活用の観点から書店さんは自由に返品していくのです（＊）。つまり、販売が期待できそうな新刊書を優先して展示販売していくためには「売れそうにない本」を抜き取って返品し、その返品本が取次会社さんの倉庫に一定量滞貨すればまとめて出版社に返品していくことになるのです。つまり書籍流通の基本は、上記「送品～

＊この返品は当然取次会社さんを通して出版社等に戻されてくるのですが、本と同梱の形で返品伝票が付けられてきます。この伝票は赤字で書かれているため、通常「赤伝」と呼ばれています。

返品サイクル」の繰り返しによって成立しているのです。

取次会社さんが返品を忌み嫌う理由

商業出版物の平均返品率は約40％と言われており、本を流通させる本家本元である取次会社さんとしては1冊でも返品を出さないようにしようという擬制がかかります。つまり、返品が出ることは損失を生むことであり、出版社を通して返品手数料（定価×約5％）を徴収しても、取次会社さんが蒙った損失を糊塗できるものでは到底ないからです。返品の発生を忌み嫌う理由はここにあります。

先述したように、出版社が作る商業出版物でも「約40％」の本が返品されてくる現実があるわけですから、自費出版物ともなればさらにその数字が上昇していくであろうことは想像に難くないのです。

委託部数が確実に書店に並べられることはない

同一書名の本が3～4社の取次会社さんを通して大手の書店さんに配本されてくるようなことがあれば、その本に格別高い購買可能性が認められない限り、書店さんが必要と判断した部数のみを残し、残りの本は返品箱に入れられて、翌日の便で取次会社さんに戻される（返品される）ということはよく耳にする話です。つまり、前問にもある通り、ご自身が希望した委託部数に達しなかったとしても、逆に考えれば「けがの功名」（＊）と割り切られた方がよろしいでしょう。販売結果次第ということにはなりますが、ご自身が作られた本がトラック便などに乗せられて日本全国の書店さんを目指し旅行していても、その運賃や（返品）手数料はあなたご自身がしっかり負担させられていることになるからです。

＊「けが」は軽い方がいい

例えば、千部近くの委託配本部数を希望していた依頼者の方が、結果として数百部程度の部数しか書店市場への流通が適わなかった場合、これでは「お茶濁し」の数字以外の何物でもないと感じられるかも知れません。

しかし逆に、販売が難しい無謀な部数を書店市場に流通させてしまって、当然の結果として「大量の返品禍」を生み、販売手数料や返品手数料等の請求の発生を見ることを想定されれば、依頼者としてはあながち間違った選択をしたとも言えないことが、宴のあとになって分かるのです。

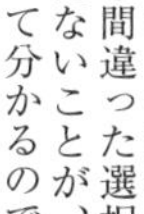

もう慣れましたが、返品用の段ボール箱が届くたびに溜め息が出ます。

Q 44 販売元出版社との契約

Q 私の本を作っている出版社は自費出版本の販売に消極的で、本の販売を専門にしている出版社と新たに契約していくことを勧めます。私はどのように動けばいいのでしょうか。

A 本を確実に書店に並べて売るための方策としては一考に値します。販売元出版社と委託契約をしていく場合は、販売元出版社の図書コード番号を印刷することになります。

解説

販売元出版社と新たに契約を結ぶ（下図参照）

自費出版した本を書店で販売する場合、本の制作に関与してきた出版社があなたの本を販売することに消極的で、本の販売だけを他の出版社と契約していくことを勧められるのも確かに頷ける話です。理由はいろいろと考えられますが、一番の理由は「書店委託部数の確保」ができないことです。本は確かに売りづらい商品のひとつですが、書店市場に一定部数並べられていなければ、実販売部数の読みすらできません。あなたご自身の考え方にもよりますが、本をどうしても書店販売したいということであれば、制作元出版社が勧める方式、すなわち、本の販売だけを委託していく販売元出版社と新たに契約を締結していかれることが最も理に適っている方法と考えます。

図書コード番号は販売元出版社の番号を使う

図書コード番号（13桁のＩＳＢＮ番号）は出版物の出自（どの出版社が制作・

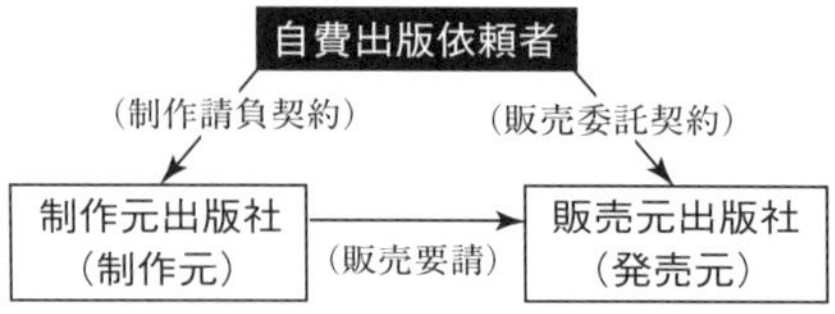

販売したものであるか）を明らかにするために表示するものですが、このケースでは、あなたがこれまで関与してきた制作元出版社のコードは必要なく、販売元出版社のそれが必要となります。つまり、コードを表示することの必要性が「流通（販売）上の要請」から生まれてくるため、と考えるからです。したがって、販売元出版社との契約交渉は、本文編集の最終段階（再校ゲラ段階）までに終わらせておくことが必要で、本の完成のほぼ1ヶ月前までに契約を済ませておくのが理想です。本文奥付内の図書コード表記、カバー等への図書コード表記およびバーコード表示も販売元出版社のコードを印刷しておかなければなりません。

販売委託上の基本条件

　これらの会社は本の流通を担う取次会社的機能を持っていることから「中取次」とも呼ばれています。インターネット検索では「販売元出版社」あるいは「出版物の発売委託先」を検索用語としてください。

　中取次と呼ばれる会社と取引できる基本条件は、本を制作した出版社から販売委託の要請があった書籍についてのみ取扱いができることになっています。したがって、出版社を通されずに個人で自費出版した方との直接取引は原則として行っていません。

　なお、出版社が間に入る販売委託の場合であっても、①年間2、3冊の刊行実績のある会社に限られ、②本の内容が「社会を混乱に陥れるような虞のある本」は取扱うことができません。いずれにせよ、販売元出版社と書籍販売に関する契約を締結することになるわけですから、その契約条件等についてしっかり理解した上で契約を締結し取引をしていくことが必要です。

目次コメントにも書きましたが、「餅は餅屋に」任せた方がいいのです。

Q45 返品後の汚損本等の処理

Q 本を書店で販売したのですが、全く売れず、殆どの本が返送されてきました。中には目も当てられないような汚れた本もあります。どうしたらいいのでしょうか。

A 
本が汚損した状態で返されてくるのは当然のことで何も驚くことではありません。カバーや帯の予備印刷物があれば一緒に送ってもらうよう出版社等に要請してください。

解説

書店に並べられた時点から新刊書の「古本化」が進行する

本を書店さんに展示して販売するということは、不特定多数の多くの読者の手に取られ触れられていくことになるわけですから、当然のことながら本はそのたびごとに汚れていきます。書店という市場に出して本を売ろうとしているのですから、汚損した本や破損した本が発生するこの現実からは逃れることはできません。厳密に言えば、書店に一日でも飾られた本は既に新本ではなく「新古本」になっている、あるいは日一日と古本化が進行していくものと考えておくべきなのです。

目を覆いたくなるような本も返品されてくる

戦いすんで日が暮れてくたびれ果てた状態で、本は書店→取次会社→出版社→あなたの居所・住所の順で返品（返送）されてきます。カバーや帯が無くなっていたり、それらの一部が破損・汚損されているものが出てきたりしますが、多く

＊予備のカバーの張替え方

カバー等の張替えも大変な作業ですが、一つだけコツを書いておきます。

まず予備カバーを持って本の背に当て、背文字が背の中心に来るように固定したところで、表紙・裏表紙の順に5割程度の力で優しく折り返します。

この際、注意しなければいけないことはきつめに装着しないことです。付けてみた後に背と小口側（98頁の図を参照）を両手で押してみて、カバーと表紙の間に箸が一本ずつ入るくらいの「たるみ」ができていれば最高です。

の場合は、カバーや帯のコーティングされた面に消し難い擦過傷が無数に付いていて、一目で「書店販売されてきた本」であることが分かります。さて、このような状態の本をどう修復して元の状態に戻せばいいのでしょうか。出版社によっては、カバーや帯を張り替えて依頼者の方に戻される場合もありますが、当然張り替え作業にかかる経費は付けられるので、依頼者ご自身でカバーや帯の張り替えをされた方がよろしいでしょう（＊）。

「予備本」「予備紙」が発生する理由

問題は、張り替えの際に必要となる予備のカバーや帯の存在です。なぜ予備のカバーや帯があるのかと言えば、それは経費見積りの段階から、本文をはじめとして各使用用紙の必要量を実際に必要とする量の約10％程度多めに計算し購入しているからに他なりません。この理由は、本格的な印刷を開始するまでに必要となる試し刷り用に使用するとか、製本工程で発生する不具合な用紙を排除するなどしていくため、必要等量の用紙の量では契約書で約定されている出版部数を確保できないためです。通常、このようにして発生した予備本や付き物の予備紙は「ヤレ」と呼ばれていて、正式な発行部数の数％程度はできると言われています。

（注）ヤレ（予備本）の部数は、ケースによってゼロ～数部の場合もあります。

また、あなたに納品された本の中には、カバーや帯がしっかりと巻かれていないものなどが含まれていることがあります。したがって、納品に際しては、カバー・帯などの付き物の予備が発生しているかどうかの確認と、もし発生していれば本と一緒に同梱してもらうよう要請しておくことが必要です（＊）。

というのは、本は時とともに若干膨張していくため、多少ゆる目に巻いておいても時が経てばカバーと本体がしっかり馴染むようになるからです。逆に、きつめに巻いてしまうと、表紙に無理な力がかかって自然に反り返ってしまうことにもなりかねません。本を作られる方は、本を大事に扱うことも心掛けて欲しいものです。

＊契約書上で約定された部数を納品すれば契約を履行したことになる

右の理屈通りに解釈すれば、たとえ予備本や予備紙が発生しても、出版社等が依頼者にそれらを引き渡す義務はないことになります。しかし、上段の解説にもあるように、予備紙等に有効な使い道がある限り、製本段階で発生した「ヤレ」は依頼者の方に引き渡すのが筋ではないか、と考えます。

納品部数全てを検品することは不可能です。完品であることを祈ります。

Q46 自費出版本の自力販売

Q 自費出版した本を業者さんの力に頼らず自分の力で売ることはできるのでしょうか。また、その場合の基本的な心構えや動き方についても教えてください。

A 
できます。しかし、あなたご自身が積極的に動かれることが絶対条件となります。また、本を売るためには「あなたの本が出たこと」をいち早く社会に告知することが重要です。

解説

あなたが「販売の軸」になる

人は、程度の差こそあれ「他人の力」に依存しながら事を成し遂げていくのが現実のありようです。しかし、できる限り他人の力を当てにせず、自らの力だけでできるところまでやろうとすれば、業者さんに本来支払うべき経費の負担を減少させたり、ゼロにしてしまうことも可能です。これは、本の販売を業者さんの力を軸にして考えるのではなく、あなたご自身が「販売の軸」になって動くからこそできることなのです。

出版物の告知は新聞社のパブリシティ記事から

まず本を売ろうとするならば、広く世間一般に対して「あなたの本の存在」を知ってもらうことから始める必要があります。本の存在を広く知らしめる一番の方法は大手の新聞社や地元の新聞社で本の紹介記事を書いてもらうことです。あなたが出版した本の中に社会性・時代性・地域性・実用性などの要素が含まれて

＊自力販売を成功に導くには

依頼者ご自身が販売の軸になって動くことは当然のことですが、お一人で動かれることにも限界があります。この限界の糊代をさらに伸ばしていく最大の方策が、拡販協力者の組織化です。

しかし、この組織化を本が出来てからバタバタと始めても「時すでに遅し」です。時期的には、本の企画段階から「意見参加」を求めたり、製作段階での情報の共有化を図っていくことで、本の販売に関心をもってもらう素地を作っていく必要があるのです。

いるものであれば、社会の公器としての役割を担っている新聞マスコミに記事として扱ってもらうことは十分期待できます。このような記事のことを「パブリシティ記事」と呼び、縮めて「パブリ」とも使います。この他、地方自治体が発行する広報紙や地域の団地新聞の紹介記事も有効です。ともに地域に根ざした情報誌ですから、あなたの本の取材を含め、取り上げていただけるかもしれません。

書店巡回地図を作って効率的に動くこと

自力販売の最大の戦場は書店さんです。

書店販売を考える場合は、まず、人が集まりやすい場所に立地する大規模店舗書店をできる限りピックアップすることです。これらの大規模店舗書店はおそらく町の中心地に密集しているので交通にも至便です。ピックアップした書店さんを今後効率的に巡回するためには、簡単な地図を作っておくと便利で、その中にマスコミ関係や地域の公立図書館なども入れておけばさらに万全です（＊）。

書店さんで本を展示販売することを「個人直販委託」と言います。書店さんに置いてある本は取次会社さんを通して販売されているのが通常であるため、あなた個人の持込みによる販売委託の場合は、管理業務が煩雑になることを嫌い、引受けを躊躇する書店さんもあります。その書店さんを前向きにさせる最大の武器が先の「新聞社等のパブリシティ記事」です。粘り強く交渉をされて1軒でも多くの書店さんに1冊でも多くの本を置いてもらってください。書店さんによっては書籍案内ポップ（＊）の提供を求めるお店もありますので、魅力的なポップを作って持参してください。（附録③書店巡回マニュアル、④納品書の書き方を参照）

＊生協さんにも行ってみよう
また最近では、地域にある生活協同組合でも本の一括販売（カタログ販売）に力を入れていますので、「生活・実用・健康・地域」などのコンセプトが複数絡む本であれば、一度事務所を訪問されて相談してみられるのも良いでしょう。

＊ポップは手書きで作るもの
書籍購入を勧める書店ツールの一つが「書籍案内ポップ」です。書店さんの新刊書コーナーに行けばポップ見本を見ることができます。そのほとんどが手書きで作られており、ポップを固定する両鋏式の文具は百円均一のお店でも購入できます。

書店さんは午前中が忙しいので、午後から飛び込むようにしてください。

Q 47 超ミニミニDM販売の試み

Q

趣味の本を自費出版しました。同好の士も数千人はいますし、私自身も200人ほどの方を知っています。この人たちに対して本を販売するにはどうすればいいのでしょうか。

A

趣味・技芸・生物・コレクション関係の書籍の購読訴求力はかなり高いものがあります。経費をあまりかけずに販売する方法の一つとして、「超ミニミニDM販売」を紹介します。

解説

通常のDM販売（＊）と超ミニミニDM販売との相違点

本来、DM（ダイレクトメール）販売をするということは、何千何万（あるいはそれ以上の数）のDMを流布することによって不特定多数の方々に対して商品を紹介し拡販を図る行為を言います。ここで紹介する超ミニミニDM販売はこれとは逆に、「特定少数の意識の高い人たちだけをDM流布の対象とする」もので、DM通数も100通～500通くらいが平均差出通数と理解してよいでしょう。DM販売の成功確率（注文に繋がるハガキの戻り率）は約3％と言われていますが、超ミニミニDM販売をマキシマムに捉えた場合、DMハガキの作り方、出し方次第では10～20％の戻り率を達成することも期待できます。DM差出通数が少ない分、印刷・郵送コストも低く抑えることができ、これが一番の魅力です。

往復はがきの原稿作り

超ミニミニDM販売をする際に必要となる仕事は、①往復ハガキを使ったDM

＊広告郵便制度のあらまし

日本郵便株式会社には、差出通数が2000通を超えると郵便料金の割引が受けられる「広告郵便制度」があります。ハガキの場合は、差出通数によって8％～33％の割引が受けられます。（平成30年2月末現在）

郵便を利用したダイレクトメールはこの制度を使って行われていますが、差出の際は、郵便物の見本を添付し、日本郵便の本局の郵便部へ届出て承認を受けなければなりません。また、郵便番号ごとに結束して差し出すことも必要となります。

原稿作り（＊）、②DM発送先リストの作成、の2つです。

まず往復ハガキの原稿作りの手順について書いておきます。往復ハガキの印刷面は4面でき、それぞれの面の大きさは縦150ミリ×横100ミリです。このうち2面は往信・返信の住所面となるため、本の広告ができる面は残り2面（工夫すれば往信面の下3分の1に広告の一部を置くことも可能）です。したがって、広告範囲がかなり限られたものとなるため、ハガキ面の広告原稿は簡に要を得た内容にすべきで、何から何まで入れようとして文字等を小さくしてしまえば読みづらいものとなり、購読訴求には逆効果となります。

一番重要なことは、本のタイトルの近くに図書コード番号を付けておくことです。ハガキを受け取った方が書店さんを通して本を購入することもあるため、図書コード番号の明記は必須です。しかし、この場合は、あなたの本を出版した出版社等に対して「個別注文販売」の取り決めをしておかねばなりません。

DM発送先リストの作成と注意点

二番目の「発送先リスト」の作成で一番重要なことは、参考にする会員名簿・学会名簿等があれば、その最新版に基づいたリストアップに心がけることです。名簿というものは発行後3年経過すれば内容の3分の1が古くなっていると言われます。つまり、名簿作成に2年かけているとすれば3年経過した計5年で3分の1のリストが古くなっている計算です。この点に注意を払われ、できるかぎり不着ハガキを少なくし、郵送コストに無駄を出さないことが肝心です。また、年賀状などのやり取りをされている方であれば、到達の確実性が高い住所地として優先的に入力していくべきでしょう。

＊返信用切手の取扱い

往信面には通常切手（62円）を貼って差し出すわけですが、問題は、返信面をどうするか、です。通常のDMでは、「料金受取人払い制度」を利用して、差し出した当事者が料金を負担することになりますが、本稿の超ミニミニDM販売では差出通数がかなり少ないため、申請が煩雑な本制度を使ってまでされるメリットはないように思われます。

そうかといって、当該切手欄に「62円切手をお貼りください」としてしまえば、購読申込みの戻りはあまり期待できないでしょう。

そこで窮余の一策かもしれませんが、取りあえず注文者に切手料金の負担をお願いし、実際の書籍代金の請求金額から62円を引き差しすることが最も分かりやすい解決法であると思います。

したがって、右のようにされる場合であれば、「ご注文方法」欄にしっかりとこの「戻し規定」を謳っておくことが必要です。

昔懐かしいミニスカートを連想させる面白い販売方法だとは思いませんか。

Q48 販売利益と課税問題

Q 私はある研修講座の講師を務めています。その講座に来られた方に私が自費出版した本を販売しています。本の販売は好調ですが、この売上金は課税の対象となるのでしょうか。

A

自費出版した本の売上金は、個人所得税の雑所得に該当し、利益が出た場合には確定申告が必要となります。詳しくはお近くの税務署の所得税課にご相談ください。

解説

商業ルート販売と個人ルート販売

本を販売する方法は大きく分けて、①書店を通した商業ルートによる販売と、②書店を通さない個人ルートによる販売があります。商業ルートによる販売とは、言うまでもなく、書店で本を販売する「通常ルート販売」のことを指しています。後者の個人ルートによる販売とは、出版社・取次会社・書店などの出版関係三者の力を借りずに、著者および知人の力だけで本を販売していくことを意味します。

個人ルート販売を例に取れば、著者が地元書店の何店舗かに本の個人直販委託を依頼して展示販売してもらうケースであるとか、講習・研修会の会場で展示販売していくケースが代表的な形態と言えるでしょう。この両ケースについて、一部に出版社等の協力を必要とする場合（＊）もありますが、多くの場合は、著者独自の販売行動の一環とみなすことができます。①の通常ルートの場合であれば、関係する会社に支払う取扱い手数料が発生しますが、②の個人ルート販売であれば、販売上の手数料は個人直販委託をした書店さんに支払う販売手数料以外一切

＊出版社と一緒になって本の販売を行うケース

実務・実用関係書籍に特に言えることですが、あなたが作られた本の企画内容に類似する本を出版社が多数出版してきた実績がある場合は、その企画に見合った講習会等のイベントに出版社が参加していくことも十分に考えられるところです。

しかし、出版社が展示販売する本は商業出版物であり、それらに伍して販売してもらうためには、内容的にも優れていて、かつ、新鮮味が感じられる本でなければなりません。

発生せず、販売精算までに必要とされる費用は書店販売交渉に要した費用（交通費等）だけで済んでしまうことになります。

販売に要した必要経費の総額を把握する

自費出版者が負担した経費のうち最も多額なものは、出版社等に支払った本の製作経費（＝編集費用＋印刷諸費用の合計金額に消費税額を加算した額）です。この経費がなければ売上（金）が発生するはずがないからです。そして、この額は、出版契約書に添付されている最終見積書（確定版）および、あなたが金融機関等を通して支払ったことを証する振込み明細書面（控え）によって証明することができます。したがって、あなたの場合の主たる必要経費は上記の製作経費の総額ということになります。しかし、何から何まで必要経費（＊）とすることはできません。（例えば、画像データ処理に必要なドロー系ソフトウェアなどは、本の編集制作に全く関係のない写真データの処理等にも使用可能なため、本書を制作する上での必要経費に計上することはできないのです。）

販売に要した経費の詳細を正確に把握する

前述した2つのルートそれぞれに販売売上がある場合は、当然、販売経費も発生していることになります。この2つのルート（①出版社に依頼して通常ルートによる販売を行った場合、②あなたが独自に講演会場等で販売した場合）の販売経費の詳細を正確に把握しておくことが必要です。とりわけ、①のルートの経費はかなり細かい取り決めによって成立しているため、本を書店市場に流通させた出版社等と取り交わした約定書（覚書）に明記されている各種の取扱い条件（卸

＊必要経費とされない場合
○海外事情視察のための渡航費用（航空運賃・宿泊費）…原稿執筆以外の目的も含まれているため。
○本に登載する写真を撮影するために新たに購入した写真機…登載写真の撮影以外の目的にも使用できるため。

個人ルート販売の細かい経費記帳は、忘れずに付けておきましょう。

し掛け率から導き出される金額等の数値）に従って、より正確な経費の額を把握をしておくことが求められます。

これに対して、②の経費は、会場使用料の一部、交通費・ガソリン代・駐車場代など、日常的に発生する実費がほとんどです。また、書店を通して個人直販委託をされる場合であれば、展示販売をする上での本の卸条件（書店への取扱い手数料というべきもので、通常は税込み定価の20〜30％）がそれに該当しますし、微々たるものかも知れませんが、書店販売に要した交渉費用（例えば、電話等の通信費・書店までの交通費・駐車場代等）も経費と認定されます。

利益が課税の対象となる（左ページの下図を参照）

製作上の経費と販売売上の経費を合算したものが、あなたが出費した「総経費」となります。この総経費の額を上回る販売売上を実現した場合、この上回った金額（利益）が課税の対象となるのです。したがって、本の販売価格にもよりますが、かなりの部数を販売されない限り課税の心配（確定申告の必要性）はないものと考えていてよいでしょう。なお、販売された期間が年にまたがる場合は、確定申告の対象となる年度（通常は、その年の一月一日〜十二月三十一日）中に販売された部数による売上（利益）が確定申告の対象となります。

販売実績表（売上日計表）を付ける

本が1部売れても100部売れても、販売したことに変わりはありません。忙しさのあまり、日々の細かい記帳付けをおろそかにしてしまえば、売上に関する合計販売金額を正確に把握していくことは難しくなります。1回の購買部

＊販売実績表の記帳で気をつけなければならないこと

販売実績表（日計表）には当然個人ルート販売による細かな記載が中心になりますが、本表を「手持ち在庫表」としても活用する場合は、商業ルート販売による入・出庫数の記載も正確に日計記録として残しておく必要があります。

ただし、商業ルート販売の場合は、精算が半年以上先になることが多いため、出庫時点では単に出庫部数のみの記録にとどめておくだけで、売上記載はできません。そして、精算支払いの前までには必ず返品が戻されてくるため、返品部数を入庫数欄に記載していくことも必要となります。

つまり、商業ルート販売の「真の販売実績＝売上」は発送売上として認識していくのではなく、返品部数分の金額を控除した残額が出版社等から入金されて初めて認識できる（＝入金売上）ということになるのです。

数の多寡によって価格にスライド調整（値引き販売）をしている場合などは尚更のこと、正確な記帳をしていくことが求められます。また、ご自身で送料を負担されている場合も当然に「発送件数×運賃実費」が経費となりますし、郵便振替手数料や銀行振込手数料を負担している場合も同様です。ここまでしっかりと記帳付けをしておかれれば、いざ確定申告の計算をする段になって迷われることは何もありません。この販売実績表（＊）はそのまま「手持ち在庫表」にもなるのです。

記帳の起点となる部数（数値）は、あなたの手元に本が届けられた際の納品書で知ることができますし、書籍としてこの世に出されたことを証する書面としては製本会社さんが発行する「製本証明書」が最も真実性の高い書証となります。

分からないことは税務署の所得税課へ

本が売れていくことは、あなたがこれまでに負担してきた経費のリターンバックが期待できることを意味しており、本当に素晴らしいことです。ぜひ効果的な動き方をされ、経費のあまりかからない販売方法を実践していってください。

細かい記帳付けについても詳しく書いてきましたが、本が動き売れていけばいくほど苦にならないもので、しっかり売って正確に付けていこうとするものです。

なお、確定申告が必要になるかどうかについて詳しくお知りになりたい場合は、お近くの税務署の所得税課をお訪ねください。その場合は、本書の見本一部と、上記解説にある「経費と売上に関する全資料」をご持参ください。

確かに記帳上はかなり複雑ですが、新刊委託を中心とした商業ルート販売に挑戦するのであれば、避けて通ることはできません。

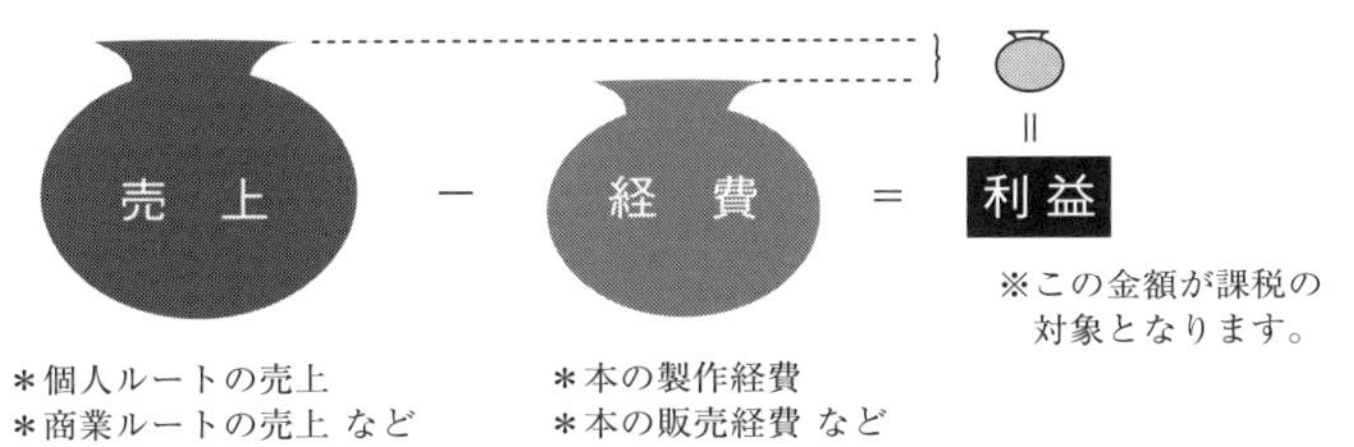

販売日計表への記帳付けは、本を販売していくことへの励みにもなります。

Q 49 準出版社の設立

Q 私は中小企業診断士と税理士の資格があります。これまでにも何冊かの本や小冊子を出版してきましたが、私個人で出版社のようなものを作ることはできるのでしょうか。

A 
できます。個人で出版社を作れば本の編集制作・販売流通の両面で経済効果が期待できます。仕事はオール外注化のため、本格的な出版社組織を作り上げる必要もありません。

解説

継続的・計画的な出版をお考えの方へ

自分史の出版が典型例ですが、一般に自費出版をされるということは、その本を作って完結、つまり「1冊出版しておしまい」というケースが殆どです。それとは対象的に、何冊もの本や小冊子を継続的かつ計画的に出版・発行していかれる方々がおられるのも事実です。特に、医師や弁護士、税理士など有資格者の方々は仕事柄、患者さんや顧問先企業などへの説明、相談業務が発生することが多く、出版物・印刷物の存在が、ご自身の経営する病院あるいは法律事務所等に関する広告アナウンスの役割を果たすことにも繋がります。

準出版社を設立する

通常、出版社を設立するということは、他人の原稿を本にして販売することを目的にしています。しかし、設問のケースでは、あなたご自身が書かれた原稿を出版し、関係者に配布（有料・無料の別もありますが）していくことを目的にしているわけで、あえて通常の出版社を意識して設立・運営される必要はありません。準出版社といっても人員など組織的にしっかりした事業体を構成する必要もなく、宣伝・広報に関わる事業部門の一つとして位置づけておけば充分です。

絶対的な仕事はあなたが原稿を書き続けることです。本の編集仕事はあなたの事務所内でされるか、それともお近くの編集事務所と提携し、実際の編集業務を委嘱していかれる方が経済的です。印刷・出版は書籍印刷を扱う印刷会社に依頼し、販売の仕事は「販売元出版社」にお願いしていくのが基本的な考え方です。

このように、外部との関係は渉外業務という限定的なものですから、慣れてしまえば仕事上の負担が増えることはまずありません。なお、出版社の設立手続およびその際に必要とされる登録費用の詳細については、日本図書コード管理センターのホームページを参照してください。本書でもQ20の解説に、出版社設立に関する資格要件および経費の概要が略記してありますので参考にしてください。

販売元出版社との提携

あなたの病院（あるいは事務所等）周辺地域に限って本や小冊子を流通・頒布させるのであれば個人でもできないことはありませんが、日本国内に広く流通させ販売したいお考えであれば、本の販売だけを専門に扱ってくれる出版社（販売元出版社）との契約を考えられた方が得策でしょう。この販売元出版社についてはQ44の解説にもあるように、個人との取引は難しい面もありますが、これまでに作られた本の内容が良く、今後の出版計画などを詳しく説明していくことで粘り強く交渉してみてください。

そこから一筋の光が見えてくるかもしれません。

＊準出版社の構成と仕事
各矢印線の文字を見ると複雑そうに見えますが、その殆どが外注先との「渉外業務」です。

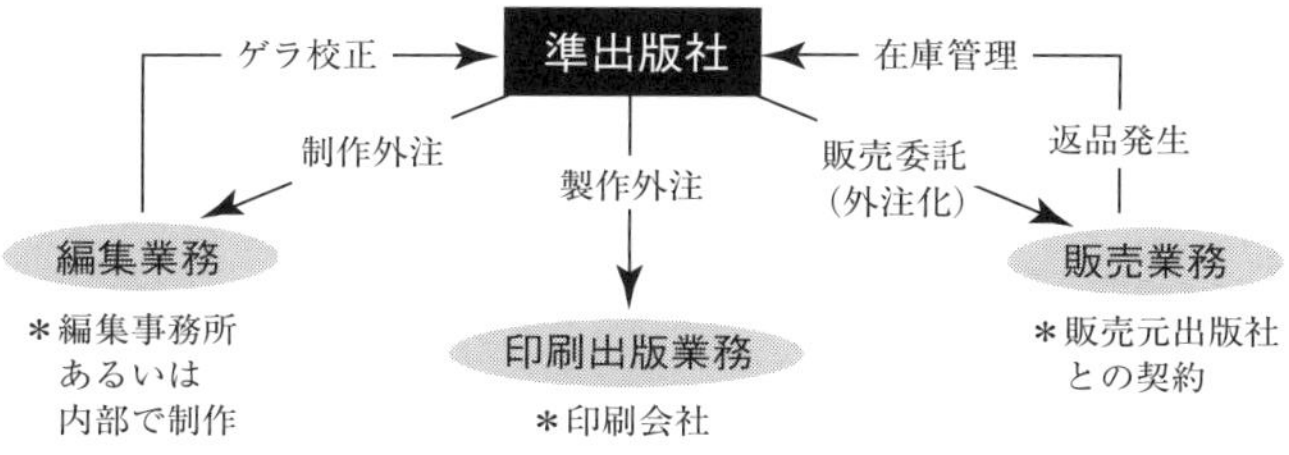

「まえがき」にも書いた通り、本作りは誰にでもできる仕事です。

Q 50 価格の決め方

Q 再校ゲラが私の手元に届いた段階です。出版社からは本の価格をどうするかについて私の考えを聞いてきます。そもそも本の価格はどのようにして決められていくのでしょうか。

A 

古典的な定価決定は、ページ数の増減や本の仕様に伴う「原価計算方式」によるものですが、最近では、原価計算を考慮しない「政策価格決定」が多く見受けられます。

解説

原価計算方式から政策価格決定へ

書店に行かれれば分かるように、「厚めの本は高く、薄めの本は安い」という考え方がほとんどの人の標準的な価格認識です。そして、これが一番分かりやすいということになるでしょう。ところがここ40年来、必ずしもそうとは言えない動きが出ていることも事実で、「政策価格決定に伴う書籍の高価格化」がそれです。しかし依然として、雑誌や書籍の売上が低迷し続けているこんにち、高価格化の波の定着とその続行によって「売れないものがさらに売れない」状況がこれからも続いていくであろうことは、残念ながら確かなことと言わざるを得ないのです。

自費出版物の販売は「一回性の挑戦」である

出版社が企画・商業出版した本であれ、自費出版した本であれ、販売の戦場は書店さんであり、読者の皆さんの価格目線は全く同じです。商業出版物や自費出版物がまさに玉石混交のごとくに並べられ、全く平等の扱いを受ける形で販売されているのですが、ここでしばし考えていただきたいことは、あなたの販売挑戦も一回で終わってしまう可能性がかなり高いということです。つまり、プロの出版社が作った本が仮に売れなくても、次々と新刊書を出していくことで、販売不調であった本の穴埋めをしていくことができ、それも「一年あるいは数年」を通して考えていくことができるということです。したがって、あなたの場合は「今回の1冊の本」で収支完結を目指さなければならず、とりわけ価格決定にあたっては、慎重な判断をしていかなければならないということです。

読者が真に買いやすい価格にしておくこと

私はQ42のト書き解説で、本を販売することに迷われた場合は、出来る限り多くの他者の意見を聞くべきである、と書きました。ここで問題にしている「価格」についても同様で、あなたの販売志向を支持される方々から出される意見や数値を参考にするなどされて、真に読者が買いやすい価格設定を考えていくべきであって、間違っても、一部の限られた読者の方だけに過重な受益者負担を強いるような「価格の付け方」だけはしてはなりません。

そして仮に、あなたが書店さんに行かれて、ご自身の本を買う立場になった場合のことを念頭におかれれば、自然とあなたが許容できる価格帯のアタリも見えてくるでしょう。その「価格」にこそ期待するのです。

また、先の「収支完結の話」は単にお金の問題だけにとどまりません。例えば千部を書店市場に出してしまい、結果300部が販売できたとしても、残り700部の管理保管を今後どうしていくかの問題も出てくるのです。

コラム 3

遊び心に火をつける「丸コブ付き謹呈しおり」

もう10年以上も前のことになりますが、献本時に必要となる出版上梓文の文例見本の何点かをメール添付で送ってもらえないかという依頼がありました。しかし私は、個人情報保護を理由に丁重にお断りをしました。本の内容がそれぞれ違うように、本を書こうと思い立った経緯や製作過程の苦労話などは、人それぞれに違うものがあるわけで、著者その人にしか書けない味のある文章を400字程度にまとめられて、本作りの締めくくりとされた方がいいのです。出版上梓文とは言うものの、本のことばかり書いてあっても相手の方には面白くないもので、あなたやご家族の近況なども添えてみられたらいかがでしょうか。

*

定番のようになっている長短冊の謹呈しおりに飽き足らず、遊び心旺盛な方であれば、「丸コブ付きの謹呈しおり」を創作してみるのも面白いものです。書店さんに飾ってある本の上部（天と言います。）にはスリップが必ず付いていますが、形状はこれと全く同じです。何十年も前には、文庫本や新書本に紐のついた可愛らしいしおりが付けられていたものですが、今では全くお目にかからなくなってしまいました。この紐付きしおりでは本に挟んだ時に落下してしまう恐れがありますが、丸コブ付きのしおりは天でしっかり止まってくれるので、その心配はありません。

工作してみようと思われる方は、附録⑤の解説（132ページ）を参考にしてください。私の場合は20年程前に、専門の業者さんに大工さんが使うような本格的なノミを作ってもらい、現在でもそのノミのお世話になっています。そこまでできないという方は、丸コブ様の半月円を刳りぬく際、通常のカッターの刃幅より細めのものを使うと容易に切り取ることができます。しかし、綺麗に切り取れなくてもいいのです。それは、しおりの行き先が全部違うところにいくからです。

参考書式・マニュアル集

〔附録①〕自費出版条件明細書の書き方
〔附録②〕連結出版方式の編集作業概要図
〔附録③〕書店委託販売マニュアル
〔附録④〕納品書の書き方（個人直販委託）
〔附録⑤〕丸コブ付き謹呈しおりの作成例

ここに集めてみた附録①から⑤は，私のこれまでの経験や思考に基づいて作ってきたものです。当然，読者の皆さんの中には必要としないものも含まれていることでしょう。

何から始めたらいいかが分からない時，時間が限られていて簡単に済ませたい時，人とは違うものを作ってみたいと思われた時などに，上記の5つのうちの一つでもお役に立つようなことがあれば嬉しい限りです。

〔附録①〕 自費出版条件明細書の作り方

注）下掲書面は参考例です。

（著者名） ○○○○○

◎連絡先／電話（　　　）　　－

（書　名） ○○○○○○○○○　（仮称・正称）

下記に出版条件等を明示しますので，見積書の調製方をお願い致します。なお，用紙・資材につき御社（お取引先の印刷会社）にてお取り扱いがない場合は近似の商品名をご提案ください。

――― 記 ―――

1）出版条件

① 本の判型／B６判
② 総ページ数／ 320頁（文章：20頁，歌集：300頁）
※組み方／縦組1段組，1頁当たり2首収録
③ 部数／500部
④ 印刷／オフセット印刷
⑤ 本文の色数／1色
⑥ カバーの色数／4色
⑦ 製本／アジロ無線綴じ上製本　※スピン1本付き
⑧ 納品／契約の日より3ヶ月以内

2）原稿条件

① 全テキスト入力済み（一太郎 Ver.8）
② 原稿状態／完全原稿（電子データ入稿）

3）用紙・資材条件

① 本文／クリームキンマリ（★?★57.5kg）
② 表紙／布クロス（モヘアエット）※背文字は金箔
③ カバー／コートKT（76.5kg）　※マットpp付き
④ 見返し／色上質紙・厚口（銀鼠）
⑤ 本扉／レザック66番・100kg（雪）

4）その他の経費（梱包・運賃等）

〔附録②〕 連結出版方式による編集作業の概要図

※研究書・専門書の場合を想定

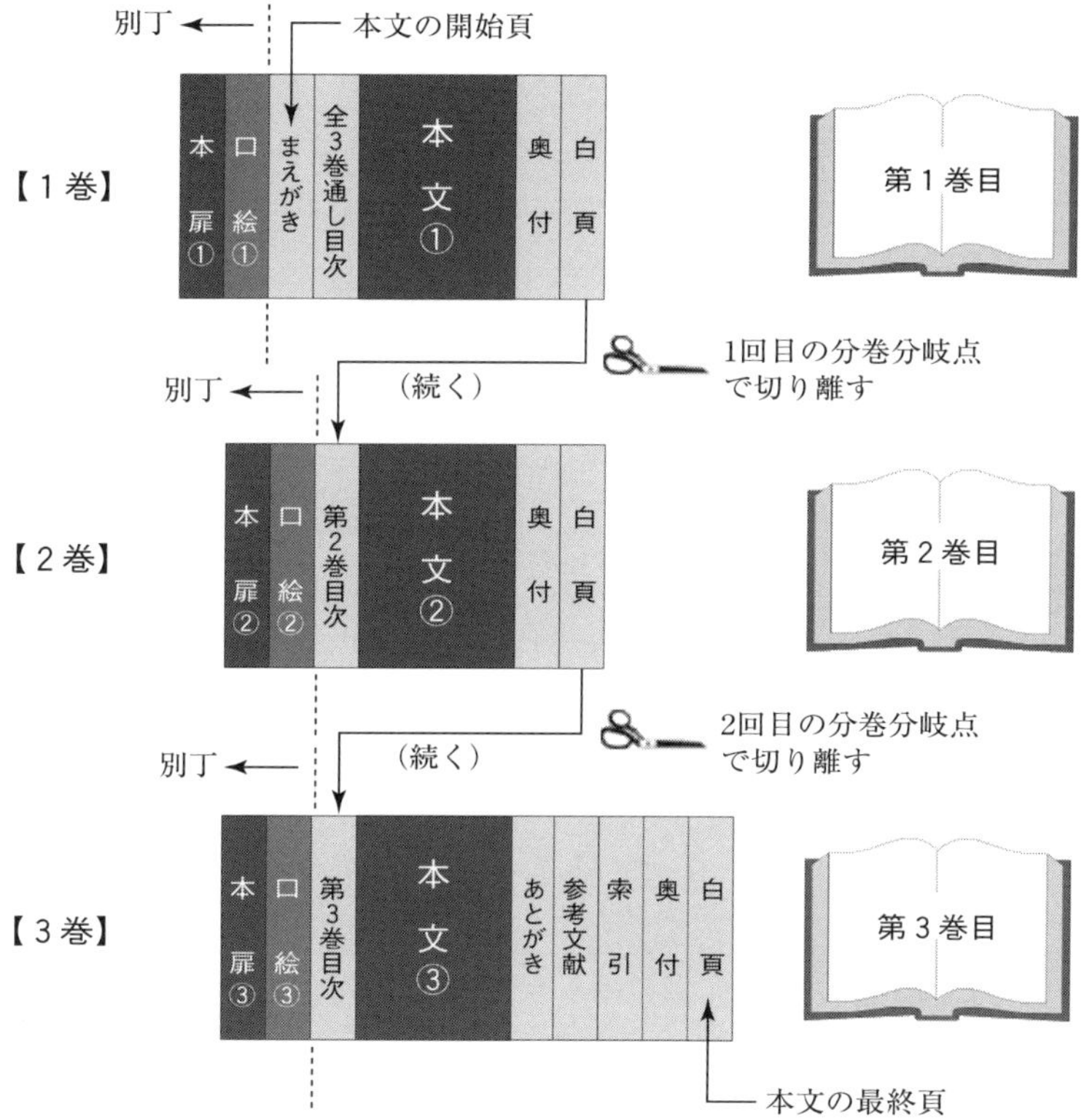

＊本扉と口絵は本文用紙とは違う用紙を使うため，別丁扱いとなります。上図にもあるように，本文は第1巻の「まえがき」から始まり，第3巻の奥付（ウラ白）まで続きます。これを，「本文共紙（ともがみ）で作る」あるいは「本文共紙で刷る」と言います。

＊カバー・帯・本表紙・口絵などは本文の編集作業と併行して，順次作成していくことになります。用紙等の資材は全て同じものを使うことになること，印刷面付け上，付け合わせ印刷が可能となるなど，出版経済的にはかなり経済的に作ることができます。

〔附録③〕 書店委託販売マニュアル

❶ 書店を訪問する	① 書店を訪問する場合は午前中を避ける ② 展示販売用として本を5冊は持参する ③ 店の責任者か売場責任者の方と交渉する ④ 新聞社のパブリ記事があれば必ず持参する

※以下の要領は、お店側が本の展示販売に同意した場合のみに有効

❷ 書店との交渉	① 委託部数（お店に預けて販売してもらう部数） ……本の価格にもよりますが，最低でも2～3冊，地域性・実用性の要素が高い本であれば5冊は預かっていただけるでしょう。 ② 委託期限（お店に展示販売してもらう期間） ……おおよそ2ヶ月が目安となります。 ③ 委託条件（書店への卸し価格の取り決め） ……税込み定価の70～80%が一般的です。 →30～20%がお店の手数料となります。 ④ 売残り品の引き取り（返品受け取り） ……委託期限が来れば必ず売残り品（残本）の引き取りを確約すること。 ※交渉事とはいっても，通常は取次会社から配本された書籍のみを取扱っているため，個人直販委託をお願いする場合は，上記①～③の各条件については，お店側の意向を尊重して取り決めていくべきです。
❸ 納品書の提示と委託後の巡回	納品書の書き方は，附録④を参照してください。また，委託した本がどのように販売展示されているかを巡回確認されることも重要です。
❹ ポップの提供	お店側がポップの提供を求めた際は，手書きで作成したポップを持参しましょう。ポップの見本は新刊書コーナーで見ることができます。
❺ 請求書の提出と残本の引き取り	請求書の書き方は納品書の書き方にならってください。お店の支払いが銀行振込の場合もあるため，あなたの銀行口座の明細も請求書の余白に書き入れておきましょう。

〔附録③〕書店委託販売で必要となる納品書の書き方

※実際に作成する書類は「手書き」です。印は認印でOKです。
※納品書の綴りは百均のお店でも購入できます(3連綴り)。

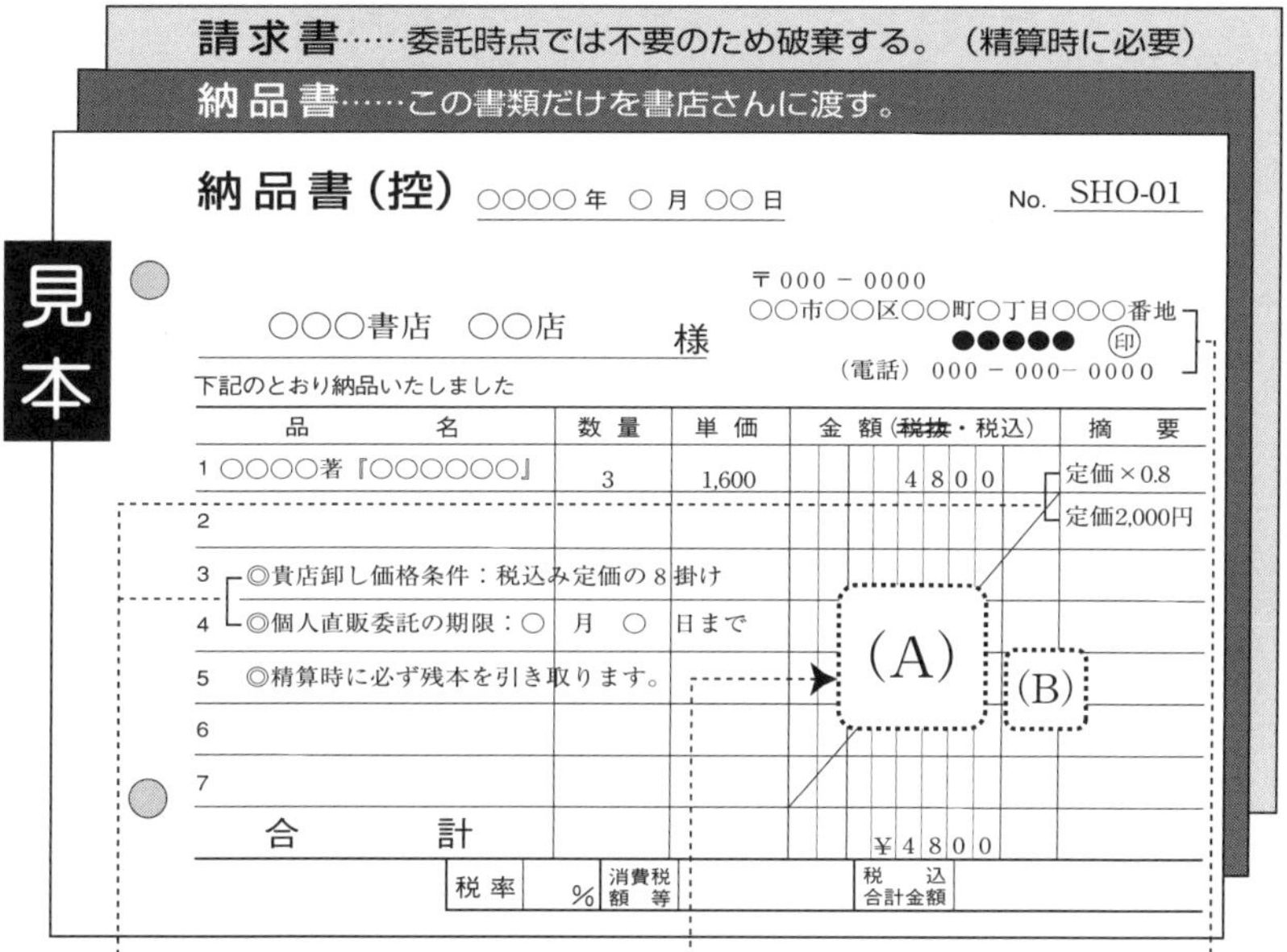
請求書……委託時点では不要のため破棄する。(精算時に必要)

納品書……この書類だけを書店さんに渡す。

見本

納品書(控)　○○○○年　○月　○○日　No. SHO-01

○○○書店　○○店　様

〒000－0000
○○市○○区○○町○丁目○○○番地
●●●●●　㊞
(電話)000－000－0000

下記のとおり納品いたしました

品名	数量	単価	金額(~~税抜~~・税込)	摘要
1 ○○○○著『○○○○○○』	3	1,600	4800	定価×0.8 / 定価2,000円
2				
3 ◎貴店卸し価格条件：税込み定価の8掛け				
4 ◎個人直販委託の期限：○　月　○　日まで				
5 ◎精算時に必ず残本を引き取ります。			(A)	(B)
6				
7				
合計			¥4800	

税率	%	消費税額等		税込合計金額	

※卸し価格条件と委託期限(期間)はお店との交渉で決まります。条件は70～80%，委託期間は約2ヶ月くらいが一般的です。

※住所印が無い場合は手書きでもOKです。お店からの追加注文に備え，電話番号は必ず記入して下さい。

※従来の取引慣行では，商品(本)の納品を行った場合は，受け取ったお店側が「物品受領伝票」を発給することで取引が成立することになりますが，この伝票に代えて，あなたの手元に残る上記納品書(控)の余白欄に，お店の番線番号印(A)と担当者印(B)を押印してもらうことでそれを省略することができます。次回あるいは精算時に来店する際は，(B)印の担当者をお訪ねください。

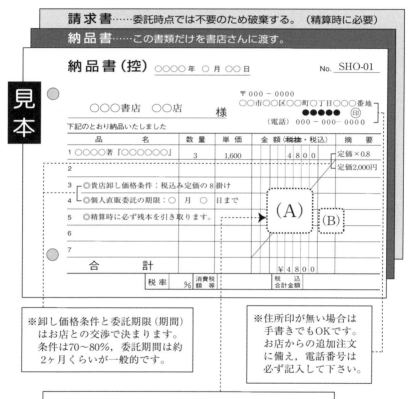

〔附録⑤〕 丸コブ付き謹呈しおりの作成例

（A．通常の謹呈しおり，B．簡易上梓文付き謹呈しおり）

※「謹呈」の文字色は朱か赤色としてください。
※両しおりとも黒太線のラインで折り曲げます。
　丸コブ（半月形の部分）は直径10mmとし，
　刃幅の狭いカッターでゆっくり刳り貫きます。
※簡易上梓文がもう少し長くなるようであれば，
　横幅を60〜75mmくらい取ってください。

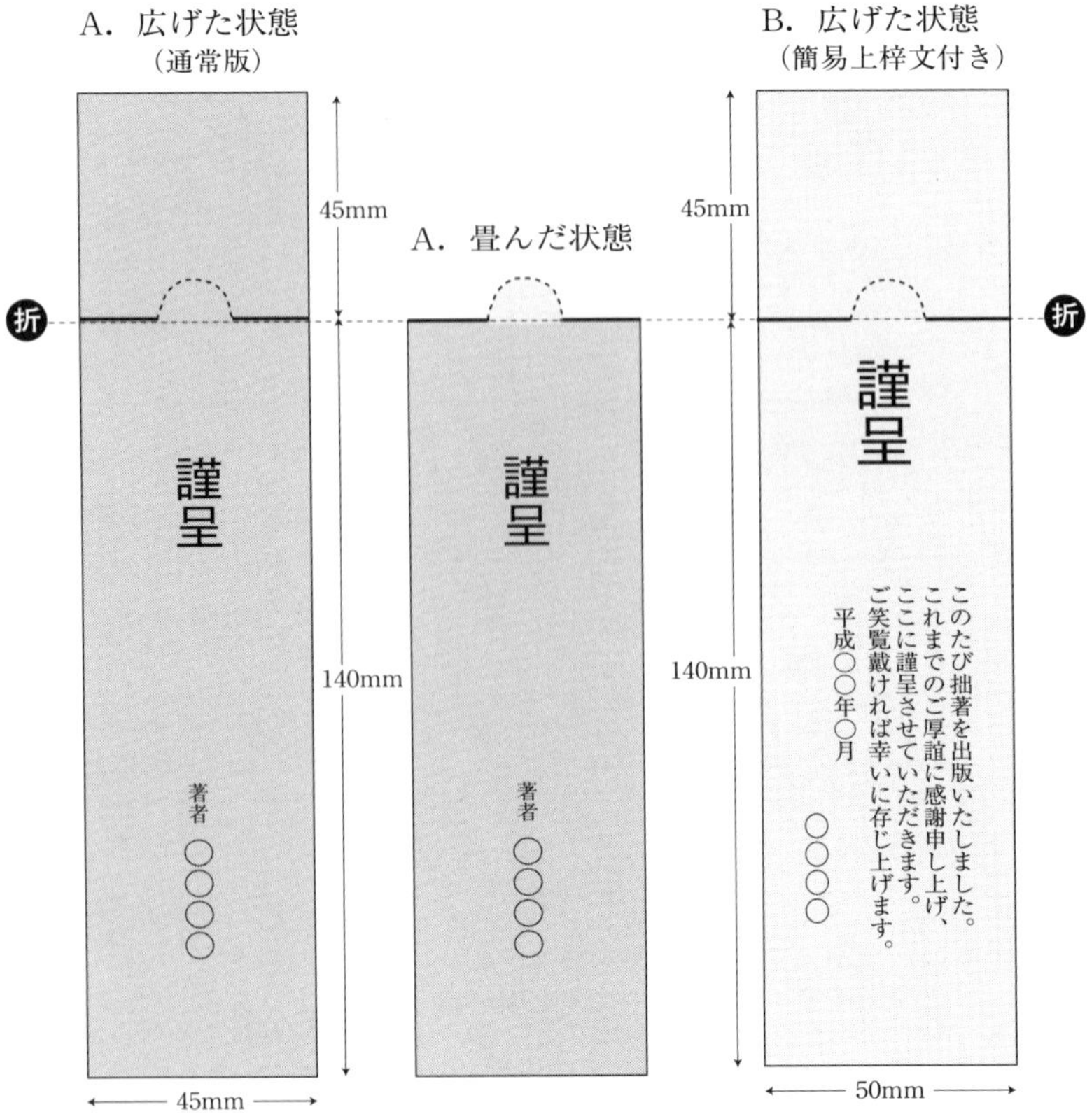

あとがき

私は、本書の執筆において次のようなことを考えながら書き綴ってきました。それは、本の出版を考えている人の類型化についてです。「類型化」などと枠に嵌めてしまうとかなり失礼な表現になってしまうのですが、そう表現した方が分かりやすいため、ここではあえて使わせていただき、少しばかり書いてみることにします。

自費出版で本を作るにはかなりのお金を必要とします。依頼者、つまりお金を出される人の意識には次の二つのタイプがあるのです。その一つは「これだけ多額の金を出すのだから、何から何まで業者さん側でやってもらって当たり前だ」と考える人たち。そしてもう一つが、「これだけ多額の金を出すのだから、自分自身も積極的に制作に関与していき、出来ることならかかる経費を減価の方向へもっていきたい」と考える人たちです。

どうも私の原稿執筆に臨む基本的スタンスは、後者の人たちをかなり意識したものとなっていることが文章のひとつひとつに表れているように感じますし、さらにこのような意識を持った人の数が増えていけばいくほど、誰しも起こしたくない自費出版トラブルの数も大幅に減少していくのではないだろうか、と考えているのです。

＊

私が初めて自費出版の仕事に関与したのは、昭和四十九年（一九七四年）のことで、当時はまだ大学の四年生でした。出版社から渡された大学ノート３冊に書かれた走り書きの原稿をもとに本の骨子（章体系）を自分なりに考え、1冊の本に作り上げるというのが私に任された仕事でした。著者にお会いしたのは本の出来上がる直前でしたから、私の作った体系や構想を基本的には支持しておられたと思います。そして、本が出来上がったときには「一緒にお昼ご飯でも」ということになり、カレーライスをご馳走になったことを今でもはっきりと覚えています。出版社からは数万円程度の報酬のほかに、三省堂『広辞林』（第五版・昭和四十八年五月刊）の新本1冊をいただきました。

食事の席で、彼は次のように話してくれました。「自費出版の費用は80万円だった。そのお蔭で、新車の買い替えを諦めざるを得なかった」と。もう四十年以上も前の話ですが、当時はおそらく80万円で新車が1台買えた時代だったのかもしれません。私はその時、見たことも触ったこともない80万円という途方もないお金の話についていけず、ただただその話に聞き入るばかりでした。私の手元に本も残っておらず、本の細かい内容も忘れてしまいました。しかし、この会話だけは印象に残る話として私の脳裡に刻み込まれています。そしておそらく、その方が比較的大きな国産時計メーカーに勤める営業部長さんであったため時間が思うように割けず、「人任せ・業者任せの自費出版」をせざるを得なかったというのが本当のところだったと思います。

＊

「自費出版はお金がかかるもの」という認識を私の心に植えつけてくれた原体験を書きましたが、小さな自然科学系出版社を興して二十七年、これまでいろいろな分野の自費出版物の製作に時間が許す限り携わってきました。そしてその多くの方々の意識が、先の類型化の話で言えば、概ね後者の「積極的関与派」の人たちであったことは、私にとっても幸運なことでありました。

本書の法律的記述につきましては、稲垣　清先生（愛知県弁護士会所属）より貴重な参考意見を頂くことができました。先生とのお付き合いも35年余の永きに及びますが、植物と本をこよなく愛される市民法律家として深い尊敬の念を抱いております。

編集についても前著同様、中内由美氏にお願いしました。頭の硬い私とは違って、柱組の一行コメントを生かすためミニカットを配置するなどして、組版面全体にわたり清新さと柔軟さを吹き込んでいただきました。

お二人に対し、この場を借りまして感謝の意を表させていただきます。

また、日本図書コード管理センター、国立国会図書館をはじめ公共図書館の関係者の方々には電話での問い合わせに快く応じていただき、貴重なお話を聞かせていただきました。なお、その他の機関名・お名前等は略させていただきますが、私の取材にご協力いただきました方々に対しまして、改めて御礼を申し述べさせていただきます。

どうか、ご自身の考え方や思いを一つでも多く本の中に刷り込んでいけるような「心から納得できる本作り」の実現を目指してがんばってください。

平成三〇年（二〇一八年）三月吉日

著　者

本作り（原稿作成・製作関与）に関する用語を重点的に抽出してあります。

索　引

本書は、近未来社のホームページに掲載した記事「自費出版の基礎―50問50答」の内容に加筆補正をした上で、新たに目次を立て直し、書き下ろしたものです。ほぼ8年前よりブログでの上梓及び更新を続けてきた当記事は、本作り周辺の事柄で迷っている方々の愛読するところとなり、数多くの貴重なご質問等を寄せていただきました。これまでのご愛読に対しまして感謝の意をここに表させていただきます。

なお、本書の内容についてのご質問や、本書で扱っていない問題についてお知りになりたい場合は、左のEメールにてお問い合わせください。

（著者）

（著者略歴）

深川昌弘（ふかがわ　まさひろ）

1952年　兵庫県生まれ
1975年　愛知大学法経学部法律学科卒業
法律系出版社入社．営業部，編集部，総合開発室，出版事業部（東京）を経て，
1991年　依願退職
自然科学書出版の近未来社を設立．
「土と環境」をテーマに地球科学・自然災害科学関係の専門書を企画・出版して，今日に至る．
著書として『これからの自費出版〈虎の巻〉』（2010年5月・近未来社刊）

上手な本の作り方 Q&A

検印省略

著者　深川昌弘

2018年5月22日　初版第1刷発行

発行所／近未来社
〒465-0004　名古屋市名東区香南1–424–102
〔電話〕052（774）9639　〔FAX〕052（772）7006
〔ホームページ〕kinmiraisha. com
〔お問合せE. mail〕book-do@kinmiraisha. com

*

印刷／㈱シナノパブリッシングプレス
製本／積信堂　編集／シフトワーク

●定価はカバーに表示してあります。落丁･乱丁本はお取り替え致します。
ISBN978-4-906431-49-6　c0000　Printed in Japan〔不許複製〕